Inversión Inteligente:
Domina el mercado de valores con IA y alcanza la libertad financiera

Por Jorge Oviedo

KDP Amazon, Estados Unidos de América

"La tecnología y la inteligencia artificial son herramientas poderosas que pueden cambiar el mundo para mejor. Es importante que las usemos de manera responsable y ética."
Jorge Oviedo

Inversión Inteligente:
Domina el mercado de valores con IA y alcanza la libertad financiera

Imagina un mundo donde las finanzas ya no son un acertijo impenetrable, un laberinto de números y gráficos que te hacen sentir como un náufrago en alta mar. Un mundo donde la tecnología se convierte en tu faro, guiándote hacia la isla de la libertad financiera, esa que tantos anhelamos alcanzar.

Ese mundo ya no es una utopía, amigos míos, es una realidad tangible que se abre ante nosotros gracias al poder transformador de la inteligencia artificial (IA). En este vertiginoso mundo de las finanzas, el mercado de valores se presenta como un océano de oportunidades, un mar inmenso donde podemos navegar y encontrar tesoros invaluables. Pero al igual que en cualquier travesía, este viaje no está exento de desafíos.

Las olas de la incertidumbre, las corrientes de la volatilidad y los tiburones de la especulación acechan en cada esquina. Sin embargo, no temas, porque en esta aventura no estás solo. A tu lado estará tu brújula más preciada: la IA, una aliada infalible que te ayudará a tomar decisiones informadas, sortear los obstáculos y navegar con éxito hacia tu destino financiero.

Este libro, fruto de mi amplia experiencia como inversor y mi profunda pasión por el mercado de valores, será tu carta de navegación en este viaje fascinante. A lo largo de sus páginas, te sumergirás en los secretos del análisis técnico y fundamental, descubrirás las estrategias más efectivas para invertir con IA y aprenderás a utilizar las herramientas tecnológicas más avanzadas para tomar decisiones acertadas.

Juntos, desentrañaremos los misterios del mercado, aprenderemos a leer sus señales y a aprovechar las oportunidades que se presenten. No importa si eres un navegante novato o un veterano experimentado, este libro te proporcionará las herramientas y el conocimiento que necesitas para convertirte en un maestro de las inversiones bursátiles.

Prepárate para zarpar hacia la libertad financiera, amigo mío. En este viaje, la IA será tu brújula, tu guía y tu fiel compañera. Juntos, conquistaremos el mar de las finanzas y alcanzaremos la cima de la prosperidad.

¿Estás listo para embarcarte en esta aventura? Abre las páginas de este libro y comienza a navegar hacia tu futuro financiero más brillante.

Con Aprecio,

Jorge Oviedo

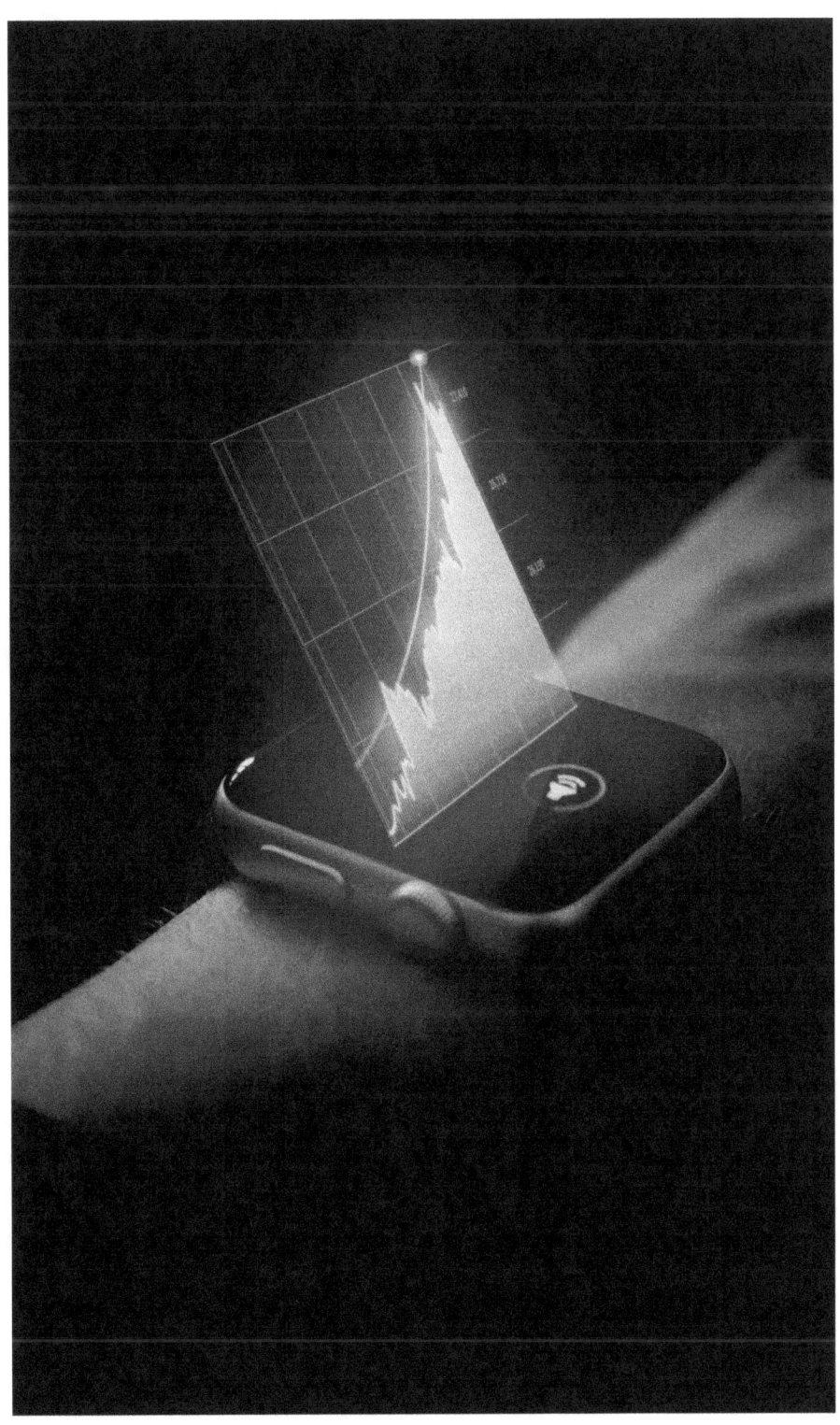

Publicado por Amazon
Fabricado en los Estados Unidos de América
2024

Titulo: *"Inversión Inteligente:*
Domina el mercado de valores con IA y alcanza la libertad financiera"

Crédito portada: Jorge Oviedo
Crédito contraportada: Jorge Oviedo
Editado por: Carlitos Berenguer
Imagenes: www.freepik.com

Mi Sitio: **www.mindsetsuprime.com**

Email: jorge@mindsetsupreme.com

Este libro o cualquier parte del mismo, incluyendo imágenes, no puede ser distribuido, copiado o reproducido de ninguna manera, ni en parte ni en su totalidad, sin el permiso expreso y por escrito del autor. Ninguna parte de este material puede ser reproducida, distribuida o transmitida, incluso por fotocopia, grabación u otros métodos electrónicos o mecánicos, sin el permiso expreso del autor. La información contenida en esta novela representa el punto de vista del autor en el momento de su publicación. El autor se reserva el derecho de modificar y/o actualizar las opiniones expresadas en función de las nuevas tendencias en la materia.

Impreso por Amazon.com

Contenido

Capítulo 1: Desmitificando el Mercado de Valores

Capítulo 2: El ABC del Análisis Técnico

Capítulo 3: Los Secretos del Análisis Fundamental

Capítulo 4: La Inteligencia Artificial irrumpe en el Mercado de Valores

Capítulo 5: Eligiendo tu Estrategia de Inversión con IA

Capítulo 6: Herramientas Tecnológicas para el Inversor Inteligente

Capítulo 7: Construyendo tu Portafolio de Inversión Inteligente

Capítulo 8: Emociones y Disciplina: La Clave del Éxito

Capítulo 9: Riesgos y Gestión de Riesgos en la Inversión con IA

Capítulo 10: El Marco Legal y Regulatorio

Capítulo 11: Backtesting y Optimización de Estrategias con IA

Capítulo 12: Ciberseguridad y Protección de Datos

Capítulo 13: Empezando con Poco: Estrategias para Principiantes

Capítulo 14: Inversión Responsable con IA

Capítulo 15: Casos de Éxito: Aprendiendo de los Líderes en Inversión con IA

Capítulo 16: El Futuro de la Inversión con IA

Capítulo 17: Impuestos y Contabilidad para Inversiones con IA

Capítulo 18: Glosario de Términos de Inversión y IA

Capítulo 19: Recursos para el Inversor Inteligente

Capítulo 20: Construyendo tu Comunidad de Inversión

Capítulo 21: Inversión con IA a Largo Plazo (Value Investing con IA)

Capítulo 22: Inversión con IA en Dividendos

Capítulo 23: Inversión Temática con IA

Capítulo 24: Inversión Socialmente Responsable con IA (ISR)

Capítulo 25: Conclusión y Hacia el Futuro

Agradecimientos

Queridos lectores:

Aquellos que me acompañaron en viajes anteriores:

Con inmensa alegría y profunda emoción, quiero extenderles mi más sincero agradecimiento por su invaluable compañía en mis libros anteriores. Su apoyo incondicional ha sido el viento en mis velas, impulsándome a navegar por los mares de la escritura y a compartir con ustedes mis conocimientos y experiencias. Sus comentarios, reseñas y mensajes de aliento han iluminado mi camino y me han inspirado a continuar por esta apasionante travesía. En este nuevo libro, "Inversión Inteligente: Domina el mercado de valores con IA y alcanza la libertad financiera", encontrarán una extensión de mi compromiso con su crecimiento financiero y la búsqueda de la tan ansiada libertad económica.

Aquellos que se embarcan en esta nueva aventura:

Me llena de entusiasmo darles la bienvenida a este viaje transformador hacia el dominio del mercado de valores y la consecución de la libertad financiera. En "Inversión Inteligente", juntos descubriremos las herramientas y estrategias más efectivas para navegar con éxito las aguas turbulentas del mercado, utilizando el poder de la inteligencia artificial como nuestra brújula infalible. Aprenderemos a tomar decisiones informadas, minimizar riesgos y maximizar nuestras ganancias, transformándonos en maestros de las inversiones bursátiles.

Agradecimiento especial:

A mi familia y amigos: Su amor incondicional, su comprensión y su apoyo inquebrantable son los pilares fundamentales que sostienen mi vida. Gracias por estar siempre a mi lado, celebrando mis triunfos y brindándome aliento en los momentos de incertidumbre. Su presencia en mi vida es un tesoro invaluable.

A mi mentore en finanzas Carlos Berenguer: Su invaluable guía, su sabiduría y su apoyo han sido esenciales en mi desarrollo como escritor y como experto en inversiones. Gracias por compartir sus conocimientos y por inspirarme a dar lo mejor de mí en cada proyecto. Su colaboración ha sido fundamental para dar vida a este libro.

A mis queridos lectores: A cada uno de ustedes dedico este libro con profunda gratitud. Su interés en mi trabajo me llena de orgullo y me motiva a seguir compartiendo mi pasión por la escritura y mi conocimiento sobre inversiones. Espero que "Inversión Inteligente" les sirva como una guía práctica para dominar el mercado de valores, alcanzar la libertad financiera y construir un futuro próspero y abundante.

Con infinita gratitud,

Jorge Oviedo

P.D. No olviden explorar mis libros anteriores, donde encontrarán herramientas para el crecimiento personal, la libertad financiera y el éxito en diferentes áreas de la vida. (Encuéntralos todos en Amazon.com)

"El poder de la mente: cómo cambiar tu perspectiva y cambiar tu vida",

"Mente positiva, yo positivo: el viaje hacia el crecimiento y el éxito personal" , "Cree en ti misma y supera la adversidad: el poder de la resiliencia y el crecimiento personal", "Descifrando la Mente Femenina", "El Poder de la Gratitud" , "De $0 a Millonario: La fórmula secreta para crear riqueza extraordinaria desde la nada", "Detrás de la Ansiedad: Descubriendo la Raíz de tu Inquietud", "El arte de enamorar a tu esposa para siempre: Descubre los secretos para conquistarla y enamorarla una y otra vez."

Y muchos mas...

Capítulo 1:

Desmitificando el Mercado de Valores

Bienvenido a este fascinante viaje hacia el dominio del mercado de valores utilizando el poder de la inteligencia artificial (IA). En este primer capítulo, te sumergiremos en los conceptos fundamentales del mercado bursátil, desde su historia y funcionamiento hasta los diferentes tipos de activos que se negocian en él. Aprenderás a diferenciar entre acciones, bonos, derivados y otros instrumentos financieros, sentando las bases para comprender el lenguaje y las dinámicas que rigen este complejo ecosistema.

Origen e Historia del Mercado de Valores

El mercado de valores tiene sus raíces en la Edad Media, cuando los comerciantes se reunían en plazas públicas para negociar títulos de deuda y acciones de empresas. A lo largo de los siglos, el mercado ha evolucionado considerablemente, pasando por la creación de las primeras bolsas de valores, la adopción de sistemas de negociación electrónica y la globalización de las inversiones. Hoy en día, el mercado de valores es un sistema financiero globalizado donde se negocian billones de dólares cada día, conectando a inversores de todo el mundo con empresas que buscan financiamiento para su crecimiento.

¿Cómo funciona el Mercado de Valores?

El mercado de valores funciona a través de un sistema de oferta y demanda. Los inversores que desean comprar acciones (o cualquier otro activo) presentan órdenes de compra, mientras que aquellos que desean vender presentan órdenes de venta. El precio de un activo se determina por el punto de encuentro entre estas dos fuerzas: cuando la demanda supera la oferta, el precio sube; cuando la oferta supera la demanda, el precio baja.

Los Principales Participantes del Mercado

En el mercado de valores encontramos diferentes actores que desempeñan roles esenciales para su correcto funcionamiento:

Emisores: Las empresas que emiten acciones o bonos para obtener financiamiento para sus operaciones o proyectos.

Inversores: Las personas o instituciones que compran y venden activos financieros con el objetivo de obtener ganancias o generar ingresos pasivos.

Intermediarios: Las entidades que facilitan las transacciones entre emisores e inversores, como corredores de bolsa, agentes de bolsa y bolsas de valores.

Regulaciones y Organismos: Las entidades gubernamentales y organismos internacionales que establecen las reglas y supervisan el funcionamiento del mercado para garantizar la transparencia y la protección de los inversores.

Tipos de Activos Financieros Negociados

El mercado de valores ofrece una amplia gama de activos financieros que los inversores pueden comprar y vender. Entre los más comunes encontramos:

Acciones: Representan la propiedad parcial de una empresa. Los accionistas tienen derecho a participar en las ganancias de la empresa y en la toma de decisiones a través de la junta directiva.

Criptomonedas: as criptomonedas son un tipo de moneda digital descentralizada que utiliza la criptografía para asegurar sus transacciones y controlar la creación de nuevas unidades.

Bonos: Son instrumentos de deuda emitidos por empresas o gobiernos para obtener financiamiento. Los bonistas tienen derecho a recibir pagos periódicos de intereses y el reembolso del capital invertido al vencimiento del bono.

Derivados: Son contratos financieros cuyo valor se deriva del precio de otro activo subyacente, como acciones, bonos o materias primas. Los derivados se utilizan para especular, cubrir riesgos o diversificar carteras de inversión.

Fondos de Inversión: Son instrumentos que reúnen el dinero de varios inversores para invertir en una cesta de activos diversificada, como acciones, bonos o mercados específicos.

Beneficios de Invertir en el Mercado de Valores

Invertir en el mercado de valores ofrece una serie de beneficios potenciales, entre los que se destacan:

Crecimiento del Capital: A largo plazo, el mercado de valores ha demostrado ser una fuente de crecimiento del capital superior a otras alternativas de inversión tradicionales, como cuentas de ahorro o depósitos a plazo.

Generación de Ingresos Pasivos: Las acciones y los bonos pueden generar ingresos pasivos en forma de dividendos o pagos de intereses, respectivamente.

Protección contra la Inflación: Invertir en activos reales, como acciones, puede ayudar a proteger tu patrimonio de la erosión del poder adquisitivo causada por la inflación.

Diversificación de Carteras: El mercado de valores ofrece una amplia gama de activos que permiten diversificar tu cartera de inversiones y reducir el riesgo general.

Acceso a Oportunidades Globales: Puedes invertir en empresas de todo el mundo, lo que te permite aprovechar las oportunidades de crecimiento en diferentes mercados y sectores económicos.

Riesgos Asociados a la Inversión en el Mercado de Valores

Si bien el mercado de valores ofrece beneficios potenciales, también es importante estar consciente de los riesgos asociados a la inversión:

Riesgo de Mercado: El valor de tus inversiones puede fluctuar con el mercado, lo que significa que puedes perder dinero si el precio de las acciones o bonos baja.

Riesgo de Crédito: Si inviertes en bonos emitidos por empresas o gobiernos con una calificación crediticia baja, existe la posibilidad de que el emisor no pueda cumplir con sus obligaciones de pago.

Riesgo de Liquidez: La liquidez se refiere a la facilidad con la que puedes comprar o vender un activo. Algunos activos pueden ser menos líquidos que otros, lo que significa que puede llevar más tiempo comprarlos o venderlos sin incurrir en pérdidas.

Riesgo de Inflación: Si la inflación aumenta a un ritmo superior al rendimiento de tus inversiones, tu poder adquisitivo se erosionará.

Riesgo de Divisas: Si inviertes en activos denominados en una moneda extranjera, te expones al riesgo de fluctuaciones en los tipos de cambio.

Riesgo Emocional: Las decisiones de inversión tomadas bajo la influencia de las emociones, como el miedo o la avaricia, pueden conducir a pérdidas innecesarias.

¿Cómo empezar a invertir en el Mercado de Valores?

Si estás interesado en comenzar a invertir en el mercado de valores, aquí te proporcionamos algunos pasos iniciales:

Define tus objetivos Financieros: Antes de invertir, es fundamental definir tus objetivos financieros a corto, medio y largo plazo. ¿Estás ahorrando para la jubilación? ¿Buscas generar ingresos adicionales? ¿Quieres comprar una casa? Definir tus objetivos te ayudará a determinar el horizonte temporal de tu inversión y elegir los activos adecuados para tu perfil.

Evalúa tu Tolerancia al Riesgo: La tolerancia al riesgo se refiere a tu capacidad para soportar las fluctuaciones en el valor de tus inversiones. Debes ser honesto contigo mismo sobre tu nivel de comodidad con el riesgo y elegir una estrategia de inversión acorde a tu tolerancia.

Aprende los Conceptos Básicos: Te recomendamos invertir tiempo en aprender los conceptos básicos del mercado de valores, como el análisis técnico y fundamental, los diferentes tipos de órdenes de compra y venta, y las comisiones asociadas a las transacciones.

Elige un Broker de Confianza: Un broker es un intermediario financiero que te permite acceder al mercado de valores y ejecutar tus órdenes de compra y venta. Asegúrate de elegir un broker regulado y con una buena reputación.

Comienza con una Inversión Modesta: No es necesario invertir una gran cantidad de dinero para comenzar. Puedes empezar con una inversión modesta y aumentar gradualmente tu participación en el mercado a medida que adquieras experiencia y confianza.

Conclusión

En este primer capítulo, te hemos brindado una introducción al fascinante mundo del mercado de valores. Hemos repasado su historia, su funcionamiento básico, los principales actores que participan en él y los diferentes tipos de activos que se negocian. Ahora que tienes una base sólida de conocimiento, en el próximo capítulo nos adentraremos en el análisis técnico, una herramienta fundamental para descifrar el comportamiento del mercado y tomar decisiones de inversión informadas.

CAPÍTULO 2:

Análisis Técnico:
Descifrando el Lenguaje del Mercado

Bienvenidos al capítulo 2. En el capítulo anterior, te introdujimos a los fundamentos del mercado de valores. Ahora nos sumergiremos en el análisis técnico, una disciplina crucial para comprender el comportamiento del mercado y tomar decisiones de inversión informadas. El análisis técnico estudia el movimiento histórico de los precios y el volumen de negociación para identificar patrones recurrentes que puedan predecir la dirección futura del mercado.

¿En qué se basa el Análisis Técnico?

El análisis técnico se basa en tres pilares fundamentales:

El Mercado Descuenta Todo: Los partidarios del análisis técnico asumen que toda la información disponible, relevante o no, se refleja en el precio de mercado. Esto incluye noticias económicas, políticas, sociales e incluso el sentimiento general de los inversores.

Los Precios se Mueven en Tendencias: El mercado tiende a moverse en tendencias, ya sean alcistas (hacia arriba), bajistas (hacia abajo) o laterales (sin una dirección clara). El análisis técnico se centra en identificar estas tendencias y aprovecharlas para obtener ganancias.

La Historia se Repite: Los analistas técnicos creen que los patrones de comportamiento del mercado se repiten a lo largo del tiempo. Al estudiar los gráficos históricos de precios y volumen, se pueden identificar patrones que pueden ayudar a predecir movimientos futuros del mercado.

Herramientas del Análisis Técnico:

El arsenal del analista técnico está repleto de herramientas e indicadores que le ayudan a visualizar el comportamiento del mercado y detectar posibles oportunidades. Algunas de las herramientas más utilizadas son:

Gráficos: Los gráficos de precios son la piedra angular del análisis técnico. Representan el movimiento del precio de un activo a lo largo del tiempo, ya sea por minuto, hora, día, semana, mes o incluso año.

Medias Móviles: Las medias móviles suavizan la volatilidad del precio y ayudan a identificar la tendencia subyacente del mercado. Existen diferentes tipos de medias móviles, como la media móvil simple (SMA) y la media móvil exponencial (EMA).

Soportes y Resistencias: Los soportes son niveles de precios en los que la demanda suele superar la oferta, deteniendo o invirtiendo una tendencia bajista. Las resistencias son niveles de precios en los que la oferta suele superar la demanda, deteniendo o invirtiendo una tendencia alcista.

Indicadores de Volumen: El volumen de negociación es la cantidad de unidades de un activo que se negocia en un período determinado. Los analistas técnicos utilizan el volumen para confirmar las tendencias del precio y detectar posibles señales de agotamiento o cambio de dirección.

Indicadores de Osciladores: Los osciladores son indicadores técnicos que se mueven entre dos niveles extremos, generalmente por encima o por debajo de una línea central. Se utilizan para identificar condiciones de sobrecompra (cuando el mercado está potencialmente sobrevalorado) o sobreventa (cuando el mercado está potencialmente infravalorado).

Ventajas y Limitaciones del Análisis Técnico

El análisis técnico ofrece varias ventajas a los inversores:

Visualización del Comportamiento del Mercado: Los gráficos y los indicadores técnicos ayudan a visualizar el comportamiento del mercado de una manera clara y concisa.

Identificación de Oportunidades: El análisis técnico puede ayudarte a identificar patrones que sugieran posibles puntos de entrada y salida en el mercado.

Herramienta a Corto Plazo: El análisis técnico es particularmente útil para inversores a corto plazo que buscan aprovechar las fluctuaciones a corto plazo del mercado.

Sin embargo, también es importante tener en cuenta las limitaciones del análisis técnico:

No es una Ciencia Exacta: El análisis técnico no es una ciencia exacta y no puede predecir el futuro del mercado con certeza. Los patrones del pasado no siempre se repiten en el futuro.

Confirmación por otros Factores: Las señales del análisis técnico deben ser confirmadas por otros factores, como el análisis fundamental o el contexto económico general.

Riesgo de Sobre Análisis: Centrarse demasiado en el análisis técnico puede llevar a la parálisis por análisis y hacer que pierdas oportunidades de inversión.

Inteligencia Artificial Aplicada al Análisis Técnico

La inteligencia artificial (IA) está revolucionando el análisis técnico al permitir el análisis de grandes volúmenes de datos históricos de precios y otros indicadores técnicos a una velocidad y con una precisión que supera las capacidades humanas. La IA puede:

Identificar Patrones Complejos: Los algoritmos de IA pueden identificar patrones complejos en los datos del mercado que podrían pasar desapercibidos para los analistas humanos.

Backtesting de Estrategias: La IA permite realizar backtesting de estrategias de inversión basadas en análisis técnico de manera eficiente, evaluando su rendimiento histórico en diferentes escenarios de mercado.

Generación de Señales de Trading Automatizadas: La IA puede generar señales de trading automatizadas basadas en el análisis técnico, liberando a los inversores del trabajo manual y las emociones.

Sin embargo, la IA en el análisis técnico también tiene limitaciones:

Sesgo de Datos Basura: La IA solo es tan buena como los datos con los que se entrena. Si los datos utilizados para entrenar los algoritmos están sesgados o son incompletos, las señales generadas por la IA también lo estarán.

Falta de interpretación: A veces, la IA puede identificar patrones pero no explicar por qué funcionan. Esto puede dificultar la confianza de los inversores en las señales generadas.

Dependencia Excesiva de la Tecnología: Confiar únicamente en la IA para tomar decisiones de inversión puede ser peligroso. Es crucial que los inversores comprendan los principios del análisis técnico y mantengan el control final sobre sus decisiones.

Conclusión

El análisis técnico es una herramienta valiosa para los inversores que buscan comprender el comportamiento del mercado y tomar decisiones informadas. La IA está transformando el análisis técnico al permitir un análisis más rápido, preciso y complejo de los datos del mercado. Sin embargo, es importante ser consciente de las limitaciones de la IA y utilizarla como una herramienta complementaria, no como un reemplazo para el juicio humano y el análisis fundamental.

En el próximo capítulo, nos adentraremos en el análisis fundamental, otra herramienta fundamental para evaluar el valor intrínseco de una empresa y tomar decisiones de inversión a largo plazo.

CAPÍTULO 3:

Análisis Fundamental:
Desentrañando el Valor Intrínseco

En el capítulo anterior, exploramos el mundo del análisis técnico, una disciplina que estudia el comportamiento histórico del mercado para identificar patrones y tomar decisiones de inversión a corto plazo. En este capítulo, nos adentraremos en el análisis fundamental, una herramienta esencial para evaluar el valor intrínseco de una empresa y tomar decisiones de inversión a largo plazo.

¿Qué es el Análisis Fundamental?

El análisis fundamental se basa en la premisa de que el precio de una acción debería reflejar el valor intrínseco de la empresa subyacente. El objetivo del análisis fundamental es estimar el valor intrínseco de una empresa analizando sus estados financieros, su modelo de negocio, sus perspectivas de crecimiento y otros factores relevantes.

Principios Fundamentales del Análisis Fundamental:

El análisis fundamental se basa en una serie de principios fundamentales:

Valor Intrínseco: El valor intrínseco de una empresa es el valor que debería tener una acción en función de sus activos, pasivos, flujos de efectivo y perspectivas de crecimiento futuras.

Análisis de Estados Financieros: Los estados financieros de una empresa, como el balance de situación, la cuenta de resultados y el estado de flujos de efectivo, proporcionan información crucial sobre su salud financiera y su desempeño operativo.

Análisis de la Gestión: La calidad del equipo directivo de una empresa es un factor importante a considerar, ya que son ellos quienes toman las decisiones que determinan el éxito o el fracaso de la empresa.

Análisis de la Industria: Es importante comprender el entorno competitivo de la industria en la que opera una empresa para evaluar sus perspectivas de crecimiento a largo plazo.

Análisis de Riesgos: Toda inversión conlleva riesgos. El análisis fundamental debe identificar y evaluar los riesgos que podrían afectar negativamente el valor de una empresa.

Metodologías de Análisis Fundamental:

Existen diversas metodologías de análisis fundamental, las cuales se basan en diferentes enfoques para estimar el valor intrínseco de una empresa. Algunas de las metodologías más comunes incluyen:

Análisis de Flujos de Descuento (DCF): El DCF es un método que descuenta los flujos de efectivo futuros de una empresa a su valor presente para determinar su valor intrínseco.

Análisis de Múltiplos de Valuación: Este método compara la empresa con empresas similares en la misma industria en términos de métricas como la relación precio-beneficio (P/E), la relación precio-ventas (P/S) o la relación precio-libro (P/B).

Análisis de Crecimiento: Este método se centra en las perspectivas de crecimiento futuro de una empresa para estimar su valor intrínseco.

Ventajas y Limitaciones del Análisis Fundamental:

El análisis fundamental ofrece varias ventajas a los inversores:

Enfoque a Largo Plazo: El análisis fundamental se centra en el valor intrínseco a largo plazo de una empresa, lo que lo convierte en una herramienta ideal para inversores a largo plazo.

Evaluación de la Salud Financiera: El análisis fundamental proporciona una comprensión profunda de la salud financiera y el desempeño operativo de una empresa.

Identificación de Oportunidades de Inversión: El análisis fundamental puede ayudar a identificar empresas infravaloradas que podrían ofrecer potencial de crecimiento a largo plazo.

Sin embargo, el análisis fundamental también tiene algunas limitaciones:

Subjetividad: El análisis fundamental puede ser subjetivo, ya que diferentes analistas pueden llegar a diferentes estimaciones del valor intrínseco de una empresa.

Incertidumbre del Futuro: Es imposible predecir el futuro con certeza, por lo que las estimaciones del valor intrínseco basadas en el análisis fundamental siempre estarán sujetas a cierta incertidumbre.

Tiempo y Esfuerzo: Realizar un análisis fundamental profundo requiere tiempo y esfuerzo, lo que puede ser un desafío para algunos inversores.

Inteligencia Artificial Aplicada al Análisis Fundamental:

La inteligencia artificial (IA) está revolucionando el análisis fundamental al permitir el procesamiento y análisis de grandes volúmenes de datos financieros y no financieros a una velocidad y con una precisión que supera las capacidades humanas. La IA puede:

Extraer Datos de Múltiples Fuentes: La IA puede extraer datos de diversas fuentes, como informes financieros, noticias, redes sociales y datos de mercado, para obtener una visión completa de la empresa.

Identificar Patrones y Anomalías: Los algoritmos de IA pueden identificar patrones y anomalías en los datos financieros que podrían pasar desapercibidos para los analistas humanos.

Realizar Análisis Predictivo: La IA puede utilizarse para realizar análisis predictivo, estimando el desempeño financiero futuro de una empresa o el potencial de crecimiento a largo plazo.

Combinando Análisis Técnico y Fundamental para una Estrategia Sólida

El análisis técnico y el análisis fundamental son dos enfoques complementarios para la inversión en acciones. El análisis técnico te ayuda a identificar oportunidades a corto plazo en función del comportamiento del mercado, mientras que el análisis fundamental te ayuda a evaluar el valor intrínseco a largo plazo de una empresa. Al combinar ambos enfoques, puedes desarrollar una estrategia de inversión más sólida y tomar decisiones de inversión más informadas.

Como un Ejemplo real, hice una captura de pantalla a la fecha que estaba editando el libro Mayo 30 del 2024 y agregue esta parte para hacerlo mas preciso y le pedi a la Inteligencia articial que me analizara la grafica siguinet y esto fue lo que respondio:

Análisis de la gráfica de Dogecoin/US Dollar

Soporte:

Los niveles de soporte se identifican como áreas donde la presión de venta se intensifica, lo que impide que el precio caiga más. En la gráfica de Dogecoin/US Dollar, se pueden observar los siguientes niveles de soporte:

0.1625: Este nivel ha actuado como soporte en varias ocasiones, incluyendo el 29 de mayo y el 30 de mayo.

0.1600: Este nivel ha sido probado en varias ocasiones, pero no ha sido superado de manera sostenida.

0.1580: Este nivel ha actuado como soporte en el pasado, pero no ha sido probado recientemente.

Resistencia:

Los niveles de resistencia se identifican como áreas donde la presión de compra se intensifica, lo que impide que el precio suba más. En la gráfica de Dogecoin/US Dollar, se pueden observar los siguientes niveles de resistencia:

0.1645: Este nivel ha actuado como resistencia en varias ocasiones, incluyendo el 29 de mayo y el 30 de mayo.

0.1680: Este nivel ha sido probado en varias ocasiones, pero no ha sido superado de manera sostenida.

0.1700: Este nivel ha actuado como resistencia en el pasado, pero no ha sido probado recientemente.

Observaciones adicionales:

La tendencia actual del precio es bajista, ya que ha estado cayendo desde el 29 de mayo.

El volumen de negociación ha sido relativamamente bajo en los últimos días, lo que indica que la actividad del mercado es débil.

El indicador RSI se encuentra en un nivel de sobreventa, lo que sugiere que el precio podría estar sobrevendido y podría haber un rebote en el corto plazo.

Conclusión:

El precio de Dogecoin/US Dollar se encuentra en una tendencia bajista y está siendo presionado por la venta. Sin embargo, el precio podría estar sobrevendido y podría haber un rebote en el corto plazo. Los niveles de soporte y resistencia mencionados anteriormente podrían servir como puntos de referencia para tomar decisiones de trading.

Pero eso no fue todo. Le pregunte: Cual en tu análisis sera el proximo valor de punto de entrada?

Basándome en el análisis técnico actual, podría considerar un punto de entrada en torno al nivel de soporte de **0.1580 USD.**

Sin embargo, es importante tener en cuenta que:

El mercado de criptomonedas es altamente volátil y los precios pueden cambiar rápidamente.

El análisis técnico no es una ciencia exacta y no se puede predecir con certeza el futuro del precio.

Siempre se debe realizar una investigación exhaustiva y considerar otros factores antes de tomar cualquier decisión de trading.

Capítulo 4:

Más Allá de los Fundamentos:
Consideraciones Adicionales

Una vez que domines los conceptos básicos del análisis técnico y fundamental, hay otros factores que debes tener en cuenta para tomar decisiones de inversión acertadas. En este capítulo, analizaremos algunas consideraciones adicionales que todo inversor inteligente debe tener presentes.

Análisis Macroeconómico: La situación económica global puede afectar significativamente al mercado de valores. Factores como el crecimiento del PIB, las tasas de interés, la inflación y las políticas fiscales y monetarias pueden influir en el rendimiento de las inversiones. Es importante mantenerse informado sobre las tendencias macroeconómicas y cómo podrían afectar a tu cartera de inversión.

Análisis de la Industria: Comprender el entorno competitivo de una industria es crucial para evaluar las perspectivas de crecimiento a largo plazo de una empresa. Analiza las tendencias de la industria, las barreras de entrada, el poder de negociación de los clientes y proveedores, y la amenaza de nuevos competidores.

Análisis de ESG (Ambiental, Social y Gobernanza): Los factores ambientales, sociales y de gobernanza (ESG) se están volviendo cada vez más importantes para los inversores. Las empresas con prácticas ESG sólidas suelen tener un desempeño financiero superior a largo plazo y son menos propensas a los riesgos.

Gestión de Riesgos: La gestión del riesgo es un aspecto fundamental de la inversión. Debes identificar y evaluar los diferentes tipos de riesgos que pueden afectar a tu cartera, como el riesgo de mercado, el riesgo de crédito, el riesgo de liquidez y el riesgo de divisa. Define una estrategia de gestión del riesgo para mitigar estos riesgos y proteger tu capital.

Psicología del Inversor: Las emociones pueden ser el enemigo número uno de un inversor. El miedo y la avaricia pueden conducir a decisiones impulsivas y costosas. Aprende a controlar tus emociones y desarrollar la disciplina para apegarte a tu plan de inversión a largo plazo.

Capítulo 5:

Construyendo una Cartera de Inversión Diversificada

La diversificación es uno de los principios fundamentales de la inversión. Una cartera diversificada te ayuda a mitigar el riesgo y proteger tu capital de las fluctuaciones del mercado. Existen diferentes formas de diversificar tu cartera:

Diversificación por Clase de Activo: Invierte en una variedad de clases de activos, como acciones, bonos, bienes raíces y materias primas. Esto te ayudará a reducir el riesgo general de tu cartera.

Diversificación por Sector: No concentres tus inversiones en un solo sector o industria. Distribuye tus inversiones entre diferentes sectores para reducir el riesgo de que una desaceleración en un sector específico afecte significativamente a tu cartera.

Diversificación por Capitalización: Invierte en empresas de diferentes tamaños, desde grandes empresas de primera línea (large-cap) hasta empresas de mediana capitalización (mid-cap) y pequeña capitalización (small-cap).

Diversificación geográfica: No inviertas únicamente en empresas de tu país de origen. Busca oportunidades de inversión en empresas de todo el mundo para aprovechar el crecimiento de diferentes mercados.

Reequilibrio de la cartera: A medida que el mercado fluctúa, la ponderación de los activos en tu cartera puede cambiar. Es importante reequilibrar tu cartera periódicamente para mantener tu nivel de riesgo objetivo. Por ejemplo, si inviertes en un 60% en acciones y un 40% en bonos, y el mercado alcista hace que las acciones suban de valor, la ponderación de las acciones en tu cartera aumentará. Para mantener tu objetivo de riesgo, deberás vender algunas acciones y comprar bonos para volver a la asignación inicial de 60/40.

Inversión en ETF y Fondos Mutuos: Los fondos cotizados en bolsa (ETF) y los fondos mutuos son una excelente manera de diversificar tu cartera de forma instantánea. Los ETF son similares a las acciones individuales que se negocian en las bolsas, pero invierten en una cesta subyacente de activos, como acciones, bonos o materias primas. Los fondos mutuos, por otro lado, son administrados por profesionales que seleccionan las inversiones para el fondo. Invertir en ETF y fondos mutuos te permite obtener exposición a una gran cantidad de activos con una sola inversión, lo que reduce los costos de transacción y simplifica la gestión de tu cartera.

Inversión Automática: La inversión automática es una estrategia que te permite invertir una cantidad fija de dinero en tu cartera de inversión a intervalos regulares, independientemente del precio de mercado. Esta estrategia te ayuda a disciplinar tu inversión y aprovechar el concepto del costo promedio en dólares (DCA). El DCA consiste en invertir una cantidad fija de dinero a lo largo del tiempo, lo que te permite comprar más acciones cuando el precio está bajo y menos acciones cuando el precio está alto, promediando el costo por acción a lo largo del tiempo.

CAPÍTULO 6:

Inteligencia Artificial:
Tu Aliada en la Inversión

La inteligencia artificial (IA) se está convirtiendo en una herramienta cada vez más importante para los inversores de todos los niveles. En este capítulo, exploraremos las diferentes formas en que la IA puede ayudarte a tomar decisiones de inversión más informadas y mejorar tu rendimiento a largo plazo.

Robo-advisors: Los robo-advisors son plataformas de inversión automatizadas que utilizan algoritmos de IA para crear y gestionar carteras de inversión personalizadas para cada cliente. Los robo-advisors te hacen preguntas sobre tus objetivos financieros, tolerancia al riesgo y horizonte temporal de inversión, y luego utilizan la IA para construir una cartera diversificada y reequilibrarse automáticamente a medida que el mercado fluctúa.

Herramientas de Screening de Acciones: Existen herramientas de screening de acciones basadas en IA que te permiten filtrar miles de acciones en función de criterios específicos, como la valoración, el crecimiento de las ganancias, el momentum o la calidad de la empresa. Estas herramientas te ayudan a identificar oportunidades de inversión potenciales que podrían pasar desapercibidas para los analistas tradicionales.

Plataformas de Investigación Basadas en IA: Algunas plataformas de investigación de inversión utilizan la IA para analizar grandes volúmenes de datos financieros y no financieros, como noticias, redes sociales y datos de mercado, para generar informes de investigación y recomendaciones de inversión. Estas plataformas pueden ayudarte a obtener una visión más completa de una empresa y tomar decisiones de inversión más informadas.

Herramientas de Gestión de Carteras Basadas en IA: Existen herramientas de gestión de carteras basadas en IA que te ayudan a rastrear el rendimiento de tu cartera, identificar oportunidades de reequilibrio y simular diferentes escenarios de mercado. Estas herramientas te permiten tomar decisiones de inversión más informadas y basadas en datos.

Ventajas de Utilizar la IA en la Inversión:

Utilizar la IA en la inversión ofrece varias ventajas:

Análisis de Datos Superior: La IA puede analizar grandes volúmenes de datos con mayor rapidez y precisión que los humanos, lo que te permite identificar patrones y oportunidades que podrían pasar desapercibidas.

Eliminación de las Emociones: La IA puede ayudarte a tomar decisiones de inversión basadas en la lógica y el análisis, eliminando las emociones del proceso.

Ahorro de Tiempo y Esfuerzo: La IA puede automatizar tareas como la investigación de inversiones y la gestión de carteras, liberando tu tiempo para centrarte en otras cosas.

Disciplina y Coherencia: La IA puede ayudarte a mantenerte disciplinado con tu estrategia de inversión y evitar decisiones impulsivas.

Limitaciones de Utilizar la IA en la Inversión:

Si bien la IA es una herramienta poderosa, también es importante tener en cuenta sus limitaciones:

Sesgo de Datos Basura: La IA solo es tan buena como los datos con los que se entrena. Si los datos utilizados para entrenar los algoritmos de IA están sesgados o son incompletos, las recomendaciones generadas también lo estarán. Es crucial elegir herramientas de IA que utilicen fuentes de datos fiables y transparentes.

Falta de Transparencia: Algunos algoritmos de IA son complejos y opacos, lo que dificulta comprender cómo llegan a sus conclusiones. Esto puede generar desconfianza en los inversores. Busca herramientas de IA que proporcionen cierto nivel de explicación para sus recomendaciones.

Confianza Excesiva en la Tecnología: La IA no es una solución mágica para la inversión. No confíes únicamente en las recomendaciones de la IA y mantén siempre el control final sobre tus decisiones de inversión. Combina la IA con tu propio análisis y criterio.

El Futuro de la Inversión con IA

La inteligencia artificial está transformando el panorama de la inversión y se espera que su papel siga creciendo en los próximos años. Avances como el aprendizaje profundo y la computación cuántica permitirán a la IA analizar datos aún más complejos y generar recomendaciones de inversión más precisas. Podemos esperar ver un mayor desarrollo de:

Robo-advisors más sofisticados: Los robo-advisors del futuro serán aún más personalizables y podrán adaptarse a las circunstancias financieras únicas de cada inversor.

Herramientas de análisis predictivo más potentes: La IA se utilizará para desarrollar herramientas de análisis predictivo más potentes que puedan pronosticar con mayor precisión el rendimiento futuro de las inversiones.

Inversión basada en IA accesible para todos: La IA hará que la inversión sea más accesible para todos, independientemente de su nivel de experiencia o patrimonio neto.

Conclusión

El mercado de valores puede ser un lugar complejo y desafiante, pero la inteligencia artificial te ofrece herramientas valiosas para tomar decisiones de inversión más informadas y mejorar tu rendimiento a largo plazo. Al comprender los conceptos básicos del análisis técnico y fundamental, diversificar tu cartera y utilizar la IA como aliada, puedes aumentar tus posibilidades de éxito en el mercado de valores. Recuerda que la inversión siempre implica riesgo, y no hay garantías de éxito. Sin embargo, mediante la educación, la planificación y el uso de las herramientas adecuadas, puedes aumentar tus posibilidades de alcanzar tus objetivos financieros a largo plazo.

Capítulo 7:

Más allá de la Inversión Tradicional:
Explorando Nuevas Fronteras

E l mundo de las finanzas está en constante evolución, y la aparición de nuevas tecnologías como la cadena de bloques y las criptomonedas está abriendo nuevas oportunidades de inversión. En este capítulo, exploraremos algunas de las tendencias emergentes en el mercado financiero y cómo la inteligencia artificial (IA) está jugando un papel importante en su desarrollo.

Inversión en Blockchain y Criptomonedas:

Las criptomonedas y la tecnología blockchain subyacente están revolucionando el sistema financiero tradicional. Las criptomonedas son activos digitales descentralizados que utilizan la criptografía para garantizar la seguridad y la transparencia de las transacciones. La cadena de bloques es un libro de contabilidad digital distribuido que registra todas las transacciones de criptomonedas de forma inmutable y segura.

La inversión en criptomonedas y proyectos basados en blockchain es un área de alto riesgo y alta recompensa. La IA se está utilizando para analizar grandes conjuntos de datos de blockchain para identificar proyectos prometedores y evaluar el riesgo de inversión. Las plataformas de inversión basadas en IA están emergiendo para ayudar a los inversores a navegar por el complejo ecosistema de las criptomonedas.

Inversión Social:

La inversión social, también conocida como copy trading, permite a los inversores copiar las carteras de inversores experimentados. Las plataformas de inversión social utilizan la IA para conectar a inversores con diferentes estrategias y perfiles de riesgo. La IA también puede utilizarse para analizar el rendimiento de los inversores líderes y generar recomendaciones de inversión basadas en su desempeño.

Financiamiento DeFi (Finanzas Descentralizadas):

Las finanzas descentralizadas (DeFi) se refieren a un sistema financiero alternativo que utiliza tecnología blockchain para eliminar la necesidad de intermediarios financieros tradicionales como bancos. Los protocolos DeFi ofrecen una amplia gama de servicios financieros, incluidos préstamos, préstamos, intercambios y gestión de activos. La IA se está utilizando para desarrollar nuevas aplicaciones DeFi y automatizar procesos financieros complejos.

Retos y Consideraciones de las Nuevas Fronteras de Inversión

Si bien las nuevas fronteras de inversión ofrecen emocionantes oportunidades, también presentan desafíos importantes:

Alta Volatilidad: Las criptomonedas y otros activos digitales son inherentemente volátiles, lo que significa que su precio puede fluctuar drásticamente en un corto período de tiempo.

Falta de Regulación: El mercado de las criptomonedas y las DeFi carece en gran medida de regulación, lo que aumenta el riesgo de fraude y estafas.

Complejidad Tecnológica: Comprender la tecnología subyacente a las criptomonedas y las DeFi puede ser complejo para los inversores novatos.

La IA como herramienta de mitigación de riesgos:

La IA puede desempeñar un papel importante en la mitigación de los riesgos asociados a las nuevas fronteras de inversión. La IA puede utilizarse para:

Identificar Oportunidades de Inversión Legítimas: La IA puede analizar grandes volúmenes de datos para identificar proyectos de blockchain y DeFi prometedores y separar a los legítimos de las estafas.

Evaluar el Riesgo de Inversión: La IA puede ayudar a los inversores a evaluar el riesgo de inversión asociado a las criptomonedas y otros activos digitales.

Automatizar la Gestión de Carteras: La IA puede automatizar la rebalancing de carteras y la ejecución de estrategias de inversión en el espacio DeFi.

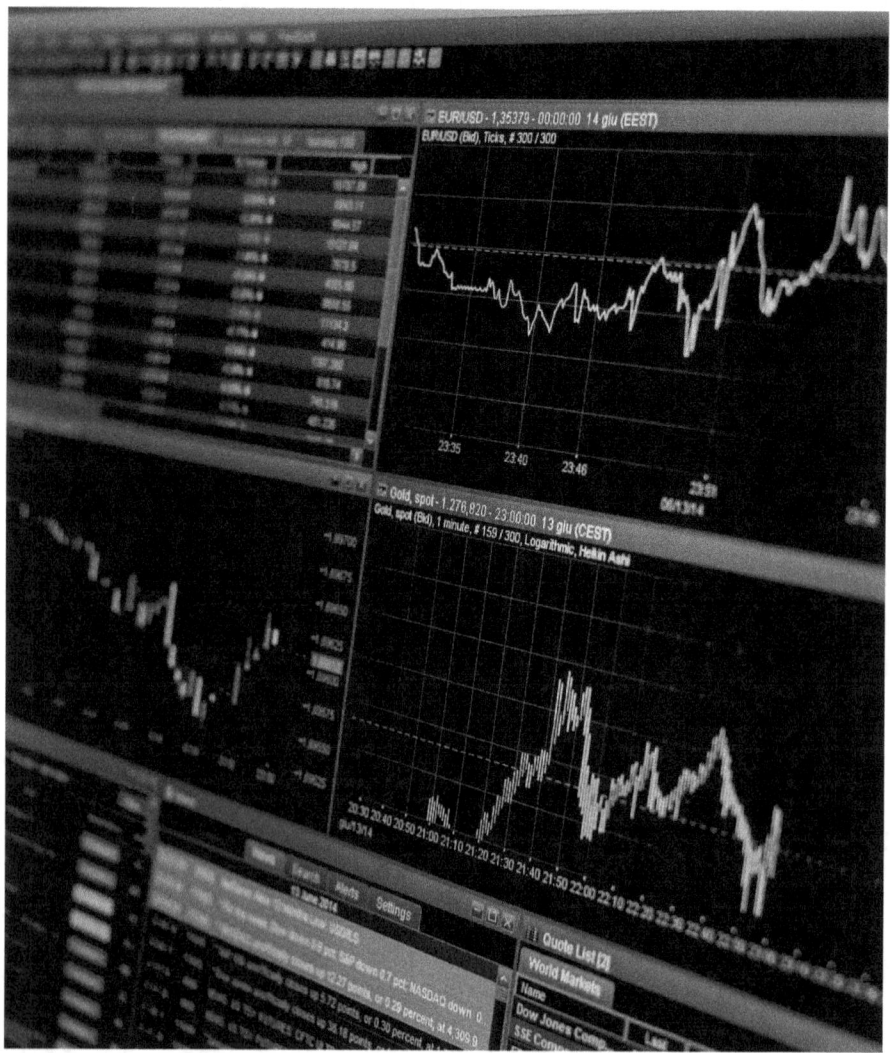

CAPÍTULO 8:

Desentrañando los Secretos del Análisis Fundamental con IA

En el mundo de las inversiones, el análisis fundamental se considera la piedra angular para tomar decisiones informadas a largo plazo. Este capítulo te sumergirá en las profundidades del análisis fundamental, explorando sus principios, metodologías y cómo la inteligencia artificial (IA) está revolucionando este campo.

Descifrando los Fundamentos:

El análisis fundamental se basa en la premisa de que el precio de una acción refleja el valor intrínseco de la empresa subyacente. El objetivo es estimar este valor intrínseco analizando en profundidad los estados financieros, el modelo de negocio, las perspectivas de crecimiento y otros factores relevantes de la empresa.

Principios Fundamentales del Análisis Fundamental:

Valor Intrínseco: Es el valor que debería tener una acción en función de sus activos, pasivos, flujos de efectivo y perspectivas de crecimiento futuras.

Análisis de Estados Financieros: Los estados financieros, como el balance de situación, la cuenta de resultados y el estado de flujos de efectivo, proporcionan información crucial sobre la salud financiera y el desempeño operativo de la empresa.

Análisis de la Gestión: La calidad del equipo directivo es un factor crucial, ya que son ellos quienes toman las decisiones que determinan el éxito o el fracaso de la empresa.

Análisis de la Industria: Es fundamental comprender el entorno competitivo de la industria en la que opera una empresa para evaluar sus perspectivas de crecimiento a largo plazo.

Análisis de Riesgos: Toda inversión conlleva riesgos. El análisis fundamental debe identificar y evaluar los riesgos que podrían afectar negativamente el valor de una empresa.

Metodologías de Análisis Fundamental:

Existen diversas metodologías de análisis fundamental, las cuales se basan en diferentes enfoques para estimar el valor intrínseco de una empresa. Algunas de las metodologías más comunes incluyen:

Análisis de Flujos de Descuento (DCF): Este método descuenta los flujos de efectivo futuros de una empresa a su valor presente para determinar su valor intrínseco.

Análisis de Múltiplos de Valuación: Este método compara la empresa con empresas similares en la misma industria en términos de métricas como la relación precio-beneficio (P/E), la relación precio-ventas (P/S) o la relación precio-libro (P/B).

Análisis de Crecimiento: Este método se centra en las perspectivas de crecimiento futuro de una empresa para estimar su valor intrínseco.

Ventajas y Limitaciones del Análisis Fundamental:

Ventajas:

Enfoque a Largo Plazo: El análisis fundamental se centra en el valor intrínseco a largo plazo de una empresa, lo que lo convierte en una herramienta ideal para inversores a largo plazo.

Evaluación de la Salud Financiera: El análisis fundamental proporciona una comprensión profunda de la salud financiera y el desempeño operativo de una empresa.

Identificación de Oportunidades de Inversión: El análisis fundamental puede ayudar a identificar empresas infravaloradas que podrían ofrecer potencial de crecimiento a largo plazo.

Limitaciones:

Subjetividad: El análisis fundamental puede ser subjetivo, ya que diferentes analistas pueden llegar a diferentes estimaciones del valor intrínseco de una empresa.

Incertidumbre del Futuro: Es imposible predecir el futuro con certeza, por lo que las estimaciones del valor intrínseco basadas en el análisis fundamental siempre estarán sujetas a cierta incertidumbre.

Tiempo y Esfuerzo: Realizar un análisis fundamental profundo requiere tiempo y esfuerzo, lo que puede ser un desafío para algunos inversores.

La Revolución de la IA en el Análisis Fundamental:

La IA está revolucionando el análisis fundamental al permitir el procesamiento y análisis de grandes volúmenes de datos financieros y no financieros a una velocidad y con una precisión que supera las capacidades humanas. La IA puede:

Extraer Datos de Múltiples Fuentes: La IA puede extraer datos de informes financieros, noticias, redes sociales y datos de mercado para obtener una visión completa de la empresa.

Identificar Patrones y Anomalías: Los algoritmos de IA pueden identificar patrones y anomalías en los datos financieros que podrían pasar desapercibidos para los analistas humanos.

Realizar Análisis Predictivo: La IA puede utilizarse para realizar análisis predictivo, estimando el desempeño financiero futuro de una empresa o el potencial de crecimiento a largo plazo.

Sesgo de Datos Basura: La IA solo es tan buena como los datos con los que se entrena. Si los datos utilizados para entrenar los algoritmos de IA están sesgados o son incompletos, las conclusiones extraídas por la IA también lo estarán. Es crucial elegir herramientas de IA que utilicen fuentes de datos fiables y transparentes.

Falta de Interpretación (Caja Negra): Algunos algoritmos de IA son complejos y opacos, lo que dificulta comprender cómo llegan a sus conclusiones. Esto puede generar desconfianza en los inversores. Busca herramientas de IA que proporcionen cierto nivel de explicación para sus recomendaciones, como modelos basados en árboles de decisión o redes bayesianas.

Dependencia Excesiva de la Tecnología: La IA no es una solución mágica para el análisis fundamental. No confíes únicamente en las recomendaciones de la IA y mantén siempre el control final sobre tus decisiones de inversión. Combina la IA con tu propio análisis y conocimiento fundamental del negocio.

Tipos de IA Utilizados en el Análisis Fundamental:

Aprendizaje Automático (Machine Learning): El aprendizaje automático es un subconjunto de la IA que permite a los algoritmos aprender de los datos sin estar explícitamente programados. En el análisis fundamental, el aprendizaje automático se utiliza para identificar patrones en los datos financieros y generar predicciones sobre el desempeño futuro de una empresa.

Procesamiento del Lenguaje Natural (PLN): El PLN permite a los ordenadores comprender el lenguaje humano. En el análisis fundamental, el PLN se utiliza para analizar informes financieros, noticias, y publicaciones en redes sociales para extraer información relevante sobre una empresa, como el sentimiento del mercado o los posibles riesgos operativos.

Análisis de Series Temporales: El análisis de series temporales es una técnica estadística utilizada para analizar datos que se recopilan a lo largo del tiempo. En el análisis fundamental, el análisis de series temporales se utiliza para pronosticar tendencias futuras en los estados financieros de una empresa o en el precio de sus acciones.

Herramientas de IA para el Análisis Fundamental:

Existen una variedad de herramientas de IA disponibles para ayudar a los inversores con el análisis fundamental. Estas herramientas pueden clasificarse en las siguientes categorías:

Plataformas de Screening de Acciones basadas en IA: Estas plataformas permiten a los inversores filtrar miles de acciones en función de criterios fundamentales predefinidos o personalizados. Los criterios pueden incluir métricas de valoración, ratios financieros, tasas de crecimiento, calidad de la gestión o factores ESG (ambientales, sociales y de gobernanza).

Herramientas de Análisis de Sentimiento: Estas herramientas analizan noticias, publicaciones en redes sociales y otros textos para comprender el sentimiento general del mercado hacia una empresa específica o la industria en general. El sentimiento del mercado puede afectar el precio de las acciones a corto plazo.

Herramientas de Análisis de Riesgos basados en IA: Estas herramientas utilizan algoritmos de IA para identificar y evaluar los riesgos potenciales que podrían afectar a una empresa, como el riesgo de crédito, el riesgo operativo o el riesgo regulatorio.

Plataformas de Investigación de Inversión basadas en IA: Estas plataformas utilizan IA para analizar grandes volúmenes de datos financieros y no financieros y generan informes de investigación que pueden ayudar a los inversores a tomar decisiones de inversión informadas.

Integración de la IA en el Proceso de Análisis Fundamental:

La IA no sustituye la necesidad de un análisis fundamental sólido por parte del inversor. Sin embargo, la IA puede ser una herramienta valiosa para agilizar el proceso de análisis y mejorar la precisión de las estimaciones. A continuación, se muestra un ejemplo de cómo se puede integrar la IA en el proceso de análisis fundamental:

Definición de Criterios de Inversión: El inversor define sus criterios de inversión, como el sector, la capitalización bursátil, el rango de ratios P/E y el crecimiento de las ganancias esperado.

Screening de Acciones con IA: Se utiliza una plataforma de screening de acciones basada en IA para identificar empresas que cumplan con los criterios de inversión definidos.

Análisis Financiero Profundo: El inversor realiza un análisis financiero profundo de las empresas identificadas, examinando sus estados financieros, informes anuales y otros documentos.

Análisis de Riesgos con IA: Se utiliza una herramienta de análisis de riesgos basada en IA para identificar y evaluar los riesgos potenciales asociados a las empresas seleccionadas.

Análisis de Sentimiento: Se utiliza una herramienta de análisis de sentimiento para comprender el sentimiento general del mercado hacia las empresas seleccionadas y la industria en la que operan.

Toma de Decisiones de Inversión: El inversor considera toda la información recopilada, incluido el análisis financiero, el análisis de riesgos y el análisis de sentimiento, para tomar decisiones de inversión informadas.

Ejemplo Práctico: Utilizando la IA para Identificar Acciones Infravaloradas

Imaginemos que un inversor está buscando acciones infravaloradas en el sector tecnológico. Puede seguir estos pasos para aprovechar la IA en su análisis:

Definir Criterios de Inversión: El inversor define sus criterios como empresas de tecnología con una capitalización bursátil inferior a los 5.000 millones de dólares, un ratio P/E inferior a 20 y un crecimiento anual de los ingresos superior al 20%.

Screening de Acciones con IA: Utilizando una plataforma de screening de acciones basada en IA, el inversor identifica 20 empresas que cumplen con sus criterios.

Análisis Financiero Profundo: El inversor selecciona 5 empresas de las 20 identificadas para un análisis financiero más profundo. Esto incluye examinar sus estados financieros, modelos de negocio, perspectivas de crecimiento y calidad de la gestión.

Análisis de Riesgos con IA: Se utiliza una herramienta de análisis de riesgos basada en IA para identificar posibles riesgos para las 5 empresas seleccionadas, como la dependencia de un producto o servicio específico, la alta competencia en el sector o la exposición a las fluctuaciones del mercado.

Análisis de Sentimiento: Un análisis de sentimiento revela que el sentimiento general del mercado hacia el sector tecnológico es positivo, pero hay cierta preocupación por una posible burbuja tecnológica.

Toma de Decisiones de Inversión: Basado en el análisis financiero, el análisis de riesgos, el análisis de sentimiento y su propio conocimiento del sector tecnológico, el inversor decide invertir en 2 de las 5 empresas seleccionadas.

Más allá del Análisis Fundamental Tradicional: Estrategias Avanzadas con IA

La IA no solo está transformando la forma en que analizamos los fundamentos de una empresa, sino que también permite desarrollar nuevas estrategias de inversión basadas en análisis de datos masivos y aprendizaje automático. A continuación, se presentan algunas estrategias avanzadas que utilizan la IA:

Inversión basada en Factores: Esta estrategia utiliza modelos de aprendizaje automático para identificar factores que históricamente han impulsado el rendimiento del mercado. Estos factores pueden incluir métricas de valoración, ratios financieros, datos macroeconómicos o incluso el sentimiento del mercado en las redes sociales.

Inversión basada en Momento: La inversión basada en momento utiliza algoritmos de IA para identificar acciones con un fuerte impulso alcista y aprovechar las tendencias a corto plazo. El análisis de patrones en el precio y el volumen de negociación son fundamentales en esta estrategia.

Alpha Capture: El Alpha es el rendimiento de una inversión por encima del rendimiento del mercado. Los gestores de fondos de inversión utilizan cada vez más algoritmos de aprendizaje automático para identificar oportunidades de Alpha, buscando patrones e ineficiencias del mercado que puedan generar beneficios superiores a los del mercado en general.

Desafíos y Consideraciones de las Estrategias Avanzadas basadas en IA:

Si bien las estrategias avanzadas basadas en IA ofrecen un gran potencial, también presentan desafíos importantes:

Complejidad: Estas estrategias pueden ser complejas de entender y aplicar, especialmente para inversores minoristas.

Datos de Entrenamiento: El rendimiento de los modelos de aprendizaje automático depende en gran medida de la calidad y cantidad de datos utilizados para entrenarlos.

Riesgo de Sobreajuste: Los modelos de IA entrenados con demasiados datos históricos pueden sobreajustarse y no generalizarse bien a las condiciones del mercado actual.

Sesgos Algorítmicos: Es importante ser consciente de los posibles sesgos algorítmicos que podrían afectar las recomendaciones de la IA.

Conclusión

La IA está transformando el análisis fundamental, permitiendo a los inversores procesar grandes volúmenes de datos y generar estimaciones más precisas del valor intrínseco de una empresa. Al comprender los principios del análisis fundamental, aprovechar las herramientas de IA de manera inteligente y ser consciente de sus limitaciones, los inversores pueden tomar decisiones de inversión más informadas a largo plazo. El capítulo 9 profundizará en el análisis técnico y cómo la IA está revolucionando este campo.

CAPÍTULO 9:

Navegando las Tendencias del Mercado con IA:
Análisis Técnico Avanzado

E l análisis técnico es el arte de estudiar el movimiento histórico del precio y el volumen de negociación para identificar patrones y tendencias que puedan predecir el movimiento futuro del precio de un activo. Este capítulo explorará los fundamentos del análisis técnico, las herramientas avanzadas basadas en IA y cómo los inversores pueden integrar la IA en sus estrategias de trading.

Los Ladrillos del Análisis Técnico:

El análisis técnico se basa en una serie de herramientas y conceptos clave, que incluyen:

Gráficos de Precio: Los gráficos de precio representan el movimiento del precio de un activo a lo largo del tiempo. Los analistas técnicos utilizan diferentes tipos de gráficos, como gráficos de líneas, barras y velas japonesas, para identificar patrones y tendencias.

Indicadores Técnicos: Los indicadores técnicos son fórmulas matemáticas que se aplican al precio y el volumen del activo para generar señales de compra o venta. Algunos indicadores técnicos comunes incluyen medias móviles, el índice de fuerza relativa (RSI), el oscilador estocástico y las divergencias.

Soporte y Resistencia: El soporte y la resistencia son niveles de precio en los que la presión de compra o venta tiende a aumentar, lo que puede detener o ralentizar el movimiento del precio.

Patrones de Velas Japonesas: Las velas japonesas son un tipo de gráfico de precio que proporciona información adicional sobre el sentimiento del mercado en cada período. Los patrones de velas japonesas, como el martillo, la estrella fugaz o el doji, pueden indicar posibles reversiones o continuaciones de la tendencia.

Filosofía del Análisis Técnico:

El análisis técnico se basa en la premisa de que los patrones y tendencias del precio se repiten a lo largo del tiempo. Estudiando el precio y el volumen del pasado, los analistas técnicos intentan predecir el movimiento futuro del precio.

Ventajas y Limitaciones del Análisis Técnico:

Ventajas:

Identificación de Oportunidades a Corto Plazo: El análisis técnico puede ayudar a los inversores a identificar oportunidades de trading a corto plazo aprovechando las tendencias del mercado.

Gestión del Riesgo: Las herramientas de análisis técnico, como el soporte y la resistencia, pueden ayudar a los inversores a establecer niveles de stop-loss para gestionar el riesgo.

Confirmación del Análisis Fundamental: El análisis técnico puede utilizarse para confirmar las señales del análisis fundamental. Por ejemplo, una tendencia alcista en el precio podría respaldar una perspectiva positiva basada en el análisis fundamental de una empresa.

Limitaciones:

No Predice el Futuro con Certeza: El análisis técnico no es una ciencia exacta y no puede predecir el futuro del mercado con certeza. Los patrones e indicadores técnicos pueden fallar y generar señales falsas.

Autorrealización de la Profecía: Si un patrón técnico indica una ruptura alcista y muchos inversores actúan en base a esa señal, su compra masiva puede hacer que la profecía se cumpla. Sin embargo, esto no significa que el patrón técnico haya causado el movimiento del precio.

Requiere Disciplina y Habilidad: El análisis técnico requiere disciplina y habilidad para interpretar correctamente los patrones e indicadores. Las señales falsas y los mercados volátiles pueden llevar a decisiones de trading erróneas.

La IA Revoluciona el Análisis Técnico:

La IA está transformando el análisis técnico al permitir el análisis automatizado de grandes volúmenes de datos históricos y en tiempo real. La IA puede:

Identificar Patrones Complejos: Los algoritmos de aprendizaje automático pueden identificar patrones complejos en los gráficos de precio que los analistas humanos podrían pasar por alto.

Backtesting de Estrategias: La IA puede realizar backtesting de estrategias de trading basadas en análisis técnico para evaluar su rendimiento histórico en diferentes condiciones de mercado.

Generación de Señales de Trading: Algunos modelos de IA pueden generar señales de compra o venta automáticas basadas en el análisis de patrones técnicos y otros factores.

Herramientas de IA para el Análisis Técnico:

Existen una variedad de herramientas de IA disponibles para ayudar a los inversores con el análisis técnico. Estas herramientas se pueden clasificar en las siguientes categorías:

Plataformas de Reconocimiento de Patrones: Estas plataformas utilizan algoritmos de visión artificial para identificar patrones técnicos en gráficos de precio.

Herramientas de Backtesting basadas en IA: Estas herramientas permiten a los inversores probar sus estrategias de trading basadas en análisis técnico utilizando datos históricos y simular su rendimiento en diferentes escenarios de mercado.

Generadores de Señales de Trading basados en IA: Estas herramientas utilizan algoritmos de aprendizaje automático para generar señales de compra o venta automáticas basadas en el análisis de patrones técnicos y otros factores, como indicadores técnicos, datos macroeconómicos o sentimiento del mercado.

Integración de la IA en el Análisis Técnico:

La IA no sustituye la necesidad del conocimiento y la experiencia de un analista técnico. Sin embargo, la IA puede ser una herramienta valiosa para agilizar el proceso de análisis, identificar patrones ocultos y generar señales de trading más precisas. A continuación, se muestra un ejemplo de cómo se puede integrar la IA en el análisis técnico:

Definición de la Estrategia de Trading: El inversor define su estrategia de trading basada en análisis técnico, como una estrategia de seguimiento de tendencias o una estrategia de scalping.

Identificación de Patrones con IA: Se utiliza una plataforma de reconocimiento de patrones basada en IA para identificar patrones técnicos en los gráficos de precio de los activos que se ajusten a la estrategia definida.

Confirmación con Indicadores Técnicos: El inversor analiza los indicadores técnicos tradicionales para confirmar las señales generadas por la IA y tener una visión más completa del mercado.

Backtesting de la Estrategia: La estrategia de trading se prueba utilizando una herramienta de backtesting basada en IA para evaluar su rendimiento histórico en diferentes condiciones de mercado.

Gestión del Riesgo: El inversor establece órdenes de stop-loss para gestionar el riesgo en cada operación.

Monitoreo y Adaptación: El inversor monitoriza el rendimiento de su estrategia y la adapta en función de las condiciones cambiantes del mercado.

Ejemplo Práctico: Utilizando la IA para Identificar Oportunidades de Trading

Imaginemos que un inversor con una estrategia de seguimiento de tendencias desea identificar oportunidades de compra en el mercado de futuros del S&P 500. Puede seguir estos pasos para aprovechar la IA en su análisis:

Definición de la Estrategia: El inversor define su estrategia como comprar futuros del S&P 500 cuando se produzca un cruce alcista de la media móvil de 50 días por encima de la media móvil de 200 días.

Identificación de Patrones con IA: Se utiliza una plataforma de reconocimiento de patrones basada en IA para identificar cruces alcistas de medias móviles en el gráfico del futuro del S&P 500.

Confirmación con Indicadores Técnicos: El inversor analiza el RSI y el MACD para confirmar que ambos indicadores también respaldan una señal de compra.

Backtesting de la Estrategia: Se realiza un backtesting de la estrategia utilizando datos históricos para evaluar su rentabilidad a lo largo del tiempo y en diferentes condiciones de mercado.

Gestión del Riesgo: El inversor establece un stop-loss por debajo del último mínimo de oscilación para gestionar el riesgo en cada operación.

Monitoreo y Adaptación: El inversor monitoriza el mercado y su posición, y potencialmente ajusta su estrategia si las condiciones cambian significativamente.

Estrategias de Trading Avanzadas basadas en IA:

Más allá de la simple identificación de patrones, la IA permite desarrollar estrategias de trading algorítmico sofisticadas.algunos ejemplos incluyen:

Trading de Alta Frecuencia (HFT): Esta estrategia utiliza algoritmos de alta velocidad para ejecutar miles de operaciones por segundo, aprovechando pequeñas ineficiencias del mercado.

Trading basado en Arbitraje: La IA puede identificar oportunidades de arbitraje, que consisten en comprar un activo en un mercado y venderlo simultáneamente en otro a un precio superior.

Deep Learning para la Predicción de Mercados: El Deep Learning, un subconjunto del aprendizaje automático,se utiliza para analizar grandes volúmenes de datos financieros y generar señales de trading basadas en patrones complejos que los modelos tradicionales podrían pasar por alto.

Desafíos y Consideraciones de las Estrategias Avanzadas basadas en IA:

Las estrategias de trading avanzadas basadas en IA ofrecen un gran potencial, pero también presentan desafíos importantes:

Alta Barrera de Entrada: Desarrollar e implementar estas estrategias requiere un alto nivel de conocimiento técnico y recursos computacionales.

Riesgo de Sobreajuste: Los modelos de IA entrenados con datos históricos específicos pueden sobre ajustarse y generar señales que no funcionan bien en condiciones de mercado cambiantes.

Transacciones de Alta Frecuencia y Riesgo Sistémico: Las estrategias de trading de alta frecuencia (HFT) pueden exacerbar la volatilidad del mercado y aumentar el riesgo sistémico.

Dependencia Ciega en la IA: Los inversores no deben confiar únicamente en las señales generadas por la IA. Es fundamental comprender la lógica detrás de las señales y mantener la capacidad de juicio crítico.

Conclusión

La IA está transformando el análisis técnico, permitiendo a los inversores analizar grandes volúmenes de datos y generar señales de trading más precisas. Al comprender los principios del análisis técnico, aprovechar las herramientas de IA de manera inteligente y ser consciente de sus limitaciones, los inversores pueden desarrollar estrategias de trading más sofisticadas y mejorar su rendimiento a lo largo del tiempo.

CAPÍTULO 10:

Construyendo una Cartera Basada en IA:
Diversificación y Gestión del Riesgo

En el mundo de las inversiones, la diversificación es el rey. Este capítulo explora cómo la IA puede ayudar a los inversores a construir carteras diversificadas y gestionar el riesgo de manera efectiva.

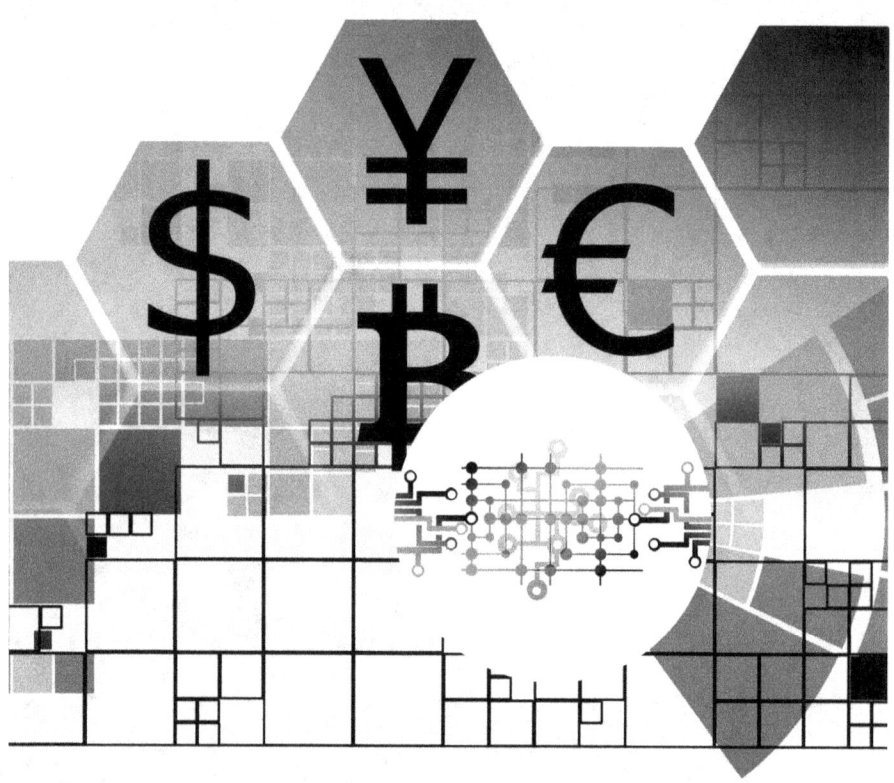

La Importancia de la Diversificación:

La diversificación es la práctica de invertir en una variedad de activos para reducir el riesgo general de la cartera. Al invertir en diferentes tipos de activos, como acciones, bonos, bienes raíces y materias primas, los inversores reducen su exposición a cualquier riesgo específico del mercado.

Métodos de Diversificación:

Existen diferentes métodos de diversificación que los inversores pueden utilizar, incluyendo:

Diversificación por Clase de Activo: Invertir en una combinación de acciones, bonos, bienes raíces y materias primas.

Diversificación por Sector: Invertir en acciones de empresas de diferentes sectores industriales para reducir la exposición al riesgo sectorial.

Diversificación por Capitalización Bursátil: Invertir en acciones de empresas de pequeña, mediana y gran capitalización para beneficiarse del potencial de crecimiento de las empresas pequeñas y la estabilidad de las grandes empresas.

Diversificación Geográfica: Invertir en activos de diferentes países para reducir la exposición al riesgo de mercado de un país específico.

IA para la Optimización de Carteras:

La IA puede ayudar a los inversores a construir carteras diversificadas de forma más eficiente mediante:

Análisis de Correlaciones: Los algoritmos de IA pueden analizar las correlaciones entre diferentes activos para identificar activos con baja correlación que ayuden a minimizar el riesgo general de la cartera.

Optimización de la Frontera Eficiente: La frontera eficiente es un conjunto de carteras que ofrecen el máximo rendimiento esperado para un nivel dado de riesgo. La IA puede ayudar a los inversores a construir carteras que se encuentran en o cerca de la frontera eficiente.

Robo-advisors: Los robo-advisors son plataformas de inversión automatizadas que utilizan algoritmos de IA para construir y gestionar carteras diversificadas para sus clientes.

Herramientas de IA para la Gestión del Riesgo:

La IA también puede ayudar a los inversores a gestionar el riesgo de sus carteras mediante:

Herramientas de Backtesting basadas en IA: Estas herramientas permiten a los inversores simular el rendimiento de diferentes carteras en escenarios de mercado históricos para evaluar su riesgo potencial.

Análisis de Riesgo basado en IA: Los algoritmos de IA pueden analizar datos financieros y de mercado para identificar y evaluar los riesgos potenciales que podrían afectar a una cartera.

Alertas Tempranas basadas en IA: Algunas herramientas de IA pueden generar alertas tempranas cuando las condiciones del mercado cambian y ponen en riesgo la cartera del inversor.

Ejemplo Práctico: Construyendo una Cartera Diversificada con IA

Imaginemos que un inversor desea construir una cartera diversificada utilizando la IA. Puede seguir estos pasos:

Definición de Tolerancia al Riesgo: El inversor define su tolerancia al riesgo, que determina la cantidad de riesgo que está dispuesto a asumir para lograr sus objetivos financieros.

Elección de la Estrategia de Inversión: El inversor elige una estrategia de inversión, como una estrategia de crecimiento o una estrategia de dividendos.

Utilización de una Herramienta de Optimización de Carteras basada en IA: El inversor utiliza una herramienta de optimización de carteras basada en IA que tiene en cuenta su tolerancia al riesgo y su estrategia de inversión. La herramienta analiza miles de carteras potenciales y recomienda una cartera diversificada que se ajuste a sus criterios.

Análisis de la Cartera Recomendada: El inversor analiza la cartera recomendada por la herramienta de IA, examinando la asignación de activos por clase de activo, sector, capitalización bursátil y región geográfica.

Ajuste de la Cartera (Opcional): El inversor puede ajustar la cartera recomendada en función de sus preferencias individuales o conocimiento específico del mercado.

Monitorización y Reequilibrio: El inversor monitoriza el rendimiento de su cartera y la re-equilibra periódicamente para mantener la asignación objetivo de activos.

Más allá de la Diversificación Tradicional: Estrategias Avanzadas con IA

La IA no solo permite a los inversores construir carteras diversificadas utilizando métodos tradicionales, sino que también abre la puerta a estrategias de inversión más avanzadas:

Carteras Basadas en Factores: Estas carteras invierten en activos que históricamente han tenido un rendimiento superior al mercado, identificados mediante modelos de aprendizaje automático.

Inversión de Impacto Social: La IA puede usarse para filtrar inversiones sostenibles y socialmente responsables que se alineen con los valores del inversor.

Gestión Activa basada en IA: Los gestores de fondos de inversión utilizan cada vez más la IA para generar ideas de inversión alfa, buscando oportunidades que puedan superar el rendimiento del mercado en general.

Desafíos y Consideraciones de las Estrategias Avanzadas basadas en IA:

Las estrategias de inversión avanzadas basadas en IA ofrecen un gran potencial, pero también presentan desafíos importantes:

Caja Negra y Transparencia: Algunos modelos de IA utilizados para construir carteras son complejos y opacos, lo que dificulta a los inversores comprender cómo se toman las decisiones de inversión.

Riesgo de Datos Basura: El rendimiento de los modelos de IA depende en gran medida de la calidad y cantidad de datos utilizados para entrenarlos. Datos inexactos o incompletos pueden conducir a carteras subóptimas.

Costos Asociados: Las herramientas y plataformas de IA avanzadas pueden tener costos asociados que no son accesibles para todos los inversores.

Conclusión

La IA está revolucionando la forma en que los inversores construyen y gestionan sus carteras. Al aprovechar las herramientas de optimización de carteras, análisis de riesgo y estrategias de inversión avanzadas basadas en IA, los inversores pueden crear carteras diversificadas y gestionar el riesgo de manera más efectiva. Sin embargo, es importante ser consciente de las limitaciones de la IA y mantener un enfoque prudente a la hora de construir y gestionar una cartera de inversión.

Capítulo 11:

El Futuro de la Inversión con IA

El campo de la inversión con IA está evolucionando rápidamente. Este capítulo explora las tendencias emergentes y el futuro potencial de la IA en los mercados financieros.

Tendencias Emergentes en la Inversión con IA:

IA Explicable (XAI): El campo de la IA explicable se centra en desarrollar modelos de IA que sean más transparentes e interpretables para los inversores.

Aprendizaje Continuo: Los modelos de IA utilizados en las inversiones se están diseñando para aprender y adaptarse continuamente a los cambios del mercado en tiempo real.

Integración con Tecnología Blockchain: La tecnología blockchain tiene el potencial de revolucionar la forma en que se negocian y custodian los activos, y la IA desempeñará un papel clave en esta integración.

Democratización de la Inversión: La IA tiene el potencial de democratizar la inversión, haciendo que herramientas y estrategias sofisticadas sean accesibles a un público más amplio de inversores.

El Futuro Potencial de la IA en las Inversiones:

El futuro de la IA en las inversiones es prometedor. Es posible que veamos lo siguiente:

Asesores Financieros Virtuales basados en IA: Los asesores financieros virtuales basados en IA podrán proporcionar asesoramiento personalizado e inversión automatizada a los inversores minoristas.

Mercados Financieros Autónomos: Los mercados financieros autónomos (MFA) utilizarán la IA para ejecutar transacciones de forma automática y sin intermediarios, aumentando la eficiencia y reduciendo los costos.

Inversión basada en Inteligencia de Enjambre: La inteligencia de enjambre es un enfoque inspirado en el comportamiento colectivo de los animales (como bandadas de pájaros o bancos de peces) que utiliza múltiples algoritmos de IA para tomar decisiones de inversión colectivas.

Desafíos y Riesgos a Considerar:

A pesar de su potencial, la inversión con IA también enfrenta desafíos y riesgos importantes:

Regulaciones: Los reguladores financieros aún están desarrollando marcos regulatorios para la IA en las inversiones, lo que genera cierta incertidumbre.

Ética y Sesgos Algorítmicos: Es fundamental garantizar que la IA se utilice de manera ética y que los algoritmos de inversión no estén sesgados.

Ciberseguridad: A medida que la IA se integra más en los mercados financieros, aumentará la importancia de la ciberseguridad para proteger los sistemas de ataques maliciosos.

Capítulo 11:

Backtesting y Optimización de Estrategias con IA

El backtesting y la optimización de estrategias son dos pilares fundamentales en el análisis financiero y la toma de decisiones de inversión. En el contexto de la inteligencia artificial (IA), estas herramientas adquieren una nueva dimensión, permitiendo a los inversores explorar y evaluar estrategias de trading complejas con una precisión y eficiencia sin precedentes.

¿Qué es el Backtesting?

El backtesting, también conocido como prueba retrospectiva, es una técnica que simula el rendimiento de una estrategia de inversión en datos históricos. Al aplicar la estrategia a datos pasados, los inversores pueden evaluar su desempeño en diferentes escenarios de mercado y obtener información valiosa sobre su potencial efectividad.

¿Por qué es importante el Backtesting?

El backtesting ofrece múltiples beneficios para los inversores:

Evaluación de estrategias: Permite evaluar el rendimiento de una estrategia de trading antes de implementarla en el mercado real, reduciendo el riesgo de pérdidas.

Identificación de fortalezas y debilidades: Ayuda a identificar los puntos fuertes y débiles de una estrategia, permitiendo realizar ajustes y mejoras antes de su aplicación práctica.

Optimización de parámetros: Permite optimizar los parámetros de una estrategia para encontrar la configuración que maximice su rendimiento.

Comparación de estrategias: Facilita la comparación de diferentes estrategias de trading para seleccionar la más adecuada para un perfil de inversor específico.

¿Cómo funciona el Backtesting con IA?

La IA aporta nuevas dimensiones al backtesting tradicional, automatizando y optimizando el proceso:

Automatización de la simulación: Los algoritmos de IA pueden automatizar la simulación de estrategias en grandes conjuntos de datos históricos, ahorrando tiempo y esfuerzo a los inversores.

Optimización de parámetros: La IA puede optimizar automáticamente los parámetros de una estrategia para encontrar la configuración que maximice su rendimiento, utilizando técnicas como la búsqueda por fuerza bruta o algoritmos genéticos.

Análisis avanzado de datos: La IA puede realizar análisis avanzados de datos históricos, identificando patrones y tendencias que podrían pasar desapercibidos para un análisis manual.

Identificación de estrategias complejas: La IA puede identificar y evaluar estrategias de trading complejas que serían difíciles de analizar manualmente.

Tipos de Backtesting con IA:

Existen diferentes tipos de backtesting con IA, cada uno con sus propias características y aplicaciones:

Backtesting basado en reglas: Este tipo de backtesting se basa en reglas predefinidas que determinan las entradas y salidas de una estrategia. La IA puede optimizar las reglas para mejorar el rendimiento de la estrategia.

Backtesting basado en aprendizaje automático: Este tipo de backtesting utiliza algoritmos de aprendizaje automático para aprender de los datos históricos y generar señales de trading. La IA puede ajustar los algoritmos para mejorar la precisión de las señales.

Backtesting basado en aprendizaje profundo: Este tipo de backtesting utiliza redes neuronales profundas para aprender patrones complejos en los datos históricos y generar estrategias de trading. La IA puede optimizar las redes neuronales para maximizar el rendimiento de las estrategias.

Consideraciones importantes en el Backtesting con IA:

Si bien el backtesting con IA ofrece grandes beneficios, es importante tener en cuenta algunas consideraciones:

Sobreajuste: La IA puede sobreajustarse a los datos históricos, generando estrategias que funcionan bien en el pasado pero no en el futuro. Es importante utilizar técnicas de validación cruzada para evitar el sobreajuste.

Selección de datos: La calidad y la representatividad de los datos históricos utilizados para el backtesting son cruciales para obtener resultados confiables.

Interpretación de resultados: Es importante interpretar los resultados del backtesting con cuidado y considerar factores como el entorno de mercado histórico y el perfil de riesgo de la estrategia.

Optimización de Estrategias con IA:

La optimización de estrategias con IA consiste en utilizar algoritmos de IA para encontrar la configuración de una estrategia de trading que maximice su rendimiento. Este proceso involucra:

Definición de la estrategia: El inversor define la estrategia de trading, incluyendo sus parámetros y reglas de entrada y salida.

Selección de un algoritmo de optimización: Se selecciona un algoritmo de IA adecuado para optimizar la estrategia, como búsqueda por fuerza bruta, algoritmos genéticos o aprendizaje automático.

Ejecución de la optimización: El algoritmo de IA busca la configuración de la estrategia que maximice su rendimiento en los datos históricos.

Evaluación de los resultados: Se evalúan los resultados de la optimización para seleccionar la mejor configuración de la estrategia.

Beneficios de la Optimización de Estrategias con IA:

La optimización de estrategias con IA ofrece múltiples beneficios:

Mejora del rendimiento: Puede mejorar significativamente el rendimiento de una estrategia de trading, encontrando la configuración óptima para las condiciones mercado histórico utilizado en el backtesting.

Reducción del riesgo: La optimización puede ayudar a identificar configuraciones de estrategias que reduzcan el riesgo sin sacrificar demasiado el rendimiento.

Ahorro de tiempo: La IA puede automatizar el proceso de optimización, ahorrando tiempo y esfuerzo a los inversores.

Identificación de estrategias complejas: La IA puede optimizar estrategias complejas con múltiples parámetros, que serían difíciles de optimizar manualmente.

Desafíos de la Optimización de Estrategias con IA:

A pesar de sus beneficios, la optimización de estrategias con IA también presenta algunos desafíos:

Sobreajuste: Al igual que en el backtesting, la optimización también puede sobre ajustarse a los datos históricos, generando estrategias que no se desempeñan bien en mercados futuros.

Datos de mercado limitados: Los datos históricos de mercado siempre están limitados en su alcance. La optimización basada en datos limitados puede conducir a estrategias que no funcionan bien en escenarios de mercado no observados previamente.

Costos computacionales: La optimización de estrategias complejas con IA puede requerir una gran cantidad de potencia computacional, lo que puede ser costoso para algunos inversores.

Interpretación de resultados: Similar al backtesting, es importante interpretar los resultados de la optimización con cuidado y tener en cuenta los posibles sesgos en los datos históricos.

Herramientas de Backtesting y Optimización con IA:

Existen diversas herramientas de software y plataformas en línea que facilitan el backtesting y la optimización de estrategias con IA. Estas herramientas ofrecen una amplia gama de funcionalidades, incluyendo:

Importación de datos históricos: Permiten importar datos históricos de precios, volúmenes y otros indicadores financieros.

Definición de estrategias: Ofrecen interfaces para definir estrategias de trading basadas en reglas o indicadores técnicos.

Backtesting automatizado: Automatizan el proceso de backtesting de estrategias en diferentes escenarios de mercado.

Optimización de parámetros: Proporcionan algoritmos de optimización para encontrar la configuración óptima de una estrategia.

Análisis de resultados: Permiten analizar los resultados del backtesting y la optimización, incluyendo métricas de rendimiento y gráficos de rentabilidad.

Ejemplos de Herramientas de Backtesting y Optimización con IA:

Zipline: Una biblioteca Python de código abierto para el desarrollo, backtesting y optimización de estrategias de trading algorítmico.

QuantConnect: Una plataforma basada en la nube para el desarrollo, backtesting y despliegue automatizado de estrategias de trading algorítmico.

Backtrader: Una biblioteca Python de código abierto para backtesting de estrategias de trading algorítmico.

MetaTrader 4/5: Plataformas de trading populares que ofrecen herramientas básicas de backtesting para estrategias basadas en indicadores técnicos.

Mejores Prácticas para el Backtesting y la Optimización con IA:

Para obtener resultados fiables y evitar errores comunes, es importante seguir algunas buenas prácticas en el backtesting y la optimización con IA:

Utilizar datos históricos de alta calidad: Utilizar datos históricos precisos y representativos de un período de tiempo suficiente.

Dividir los datos en conjuntos de entrenamiento y validación: Dividir los datos históricos en conjuntos separados para entrenamiento (backtesting) y validación (evaluación de sobreajuste).

Utilizar técnicas de validación cruzada: Emplear técnicas de validación cruzada para garantizar la generalización de los resultados del backtesting a mercados futuros.

Interpretar los resultados con cuidado: Tener en cuenta las limitaciones del backtesting y la optimización, y no confiar únicamente en los resultados históricos para tomar decisiones de inversión.

Combinar la IA con el análisis fundamental: No reemplazar el análisis fundamental de las empresas y los mercados con la IA. La IA debe ser una herramienta complementaria para el análisis de inversión.

Conclusión

El backtesting y la optimización de estrategias con IA son herramientas poderosas que pueden ayudar a los inversores a desarrollar y mejorar sus estrategias de trading. Sin embargo, es importante comprender las limitaciones de estas herramientas y utilizarlas con precaución. Al combinar el backtesting y la optimización con IA con un análisis fundamental sólido y una gestión adecuada del riesgo, los inversores pueden tomar decisiones de inversión más informadas y aumentar sus probabilidades de éxito en los mercados financieros.

CAPÍTULO 12:

Ciberseguridad y Protección de Datos en la Inversión con IA

La inteligencia artificial (IA) está transformando el panorama de la inversión, proporcionando a los inversores nuevas herramientas y estrategias para construir carteras más sólidas y lograr sus objetivos financieros. Sin embargo, este avance tecnológico también trae consigo nuevos desafíos y riesgos, especialmente en lo que respecta a la ciberseguridad y la protección de datos.

Ciberseguridad en la Inversión con IA:

Los inversores que utilizan herramientas y plataformas de inversión impulsadas por IA se enfrentan a una serie de amenazas cibernéticas:

Ataques cibernéticos a plataformas de inversión: Los piratas informáticos pueden atacar plataformas de inversión en línea para robar datos confidenciales, como información de cuentas de inversores, datos de transacciones y estrategias de inversión.

Malware y phishing: Los inversores pueden ser víctimas de malware o ataques de phishing diseñados para robar sus credenciales de acceso o información personal.

Manipulación de datos: Los datos utilizados para entrenar modelos de IA pueden ser manipulados o falsificados, lo que puede llevar a resultados de inversión inexactos o decisiones de inversión deficientes.

Ciberataques a la cadena de suministro: Los proveedores de servicios de IA pueden ser atacados, lo que podría comprometer la seguridad de las plataformas de inversión y los datos de los inversores.

Protección de datos en la Inversión con IA:

La recopilación, el almacenamiento y el uso de datos de inversores en el contexto de la inversión con IA plantean importantes preocupaciones de privacidad y protección de datos:

Recopilación y almacenamiento de datos: Las plataformas de inversión impulsadas por IA recopilan grandes cantidades de datos de inversores, incluyendo información financiera, datos de comportamiento y preferencias de inversión. Es crucial que estos datos se recopilen, almacenen y utilicen de manera responsable y conforme a las leyes y regulaciones de protección de datos.

Seguridad de datos: Los datos de los inversores deben protegerse contra accesos no autorizados, divulgaciones accidentales o intencionales, y otras amenazas cibernéticas.

Transparencia y control del usuario: Los inversores deben tener claro qué datos se recopilan sobre ellos, cómo se utilizan y quién tiene acceso a ellos. Deben tener el control sobre sus datos y poder decidir cómo se utilizan.

Medidas para Proteger la Ciberseguridad y la Privacidad de Datos:

Para proteger la ciberseguridad y la privacidad de datos en la inversión con IA, se pueden tomar las siguientes medidas:

Implementación de medidas de seguridad robustas: Las plataformas de inversión impulsadas por IA deben implementar medidas de seguridad robustas, como autenticación de dos factores, cifrado de datos, y pruebas de penetración periódicas.

Capacitación en ciberseguridad: Los inversores y empleados deben recibir capacitación sobre ciberseguridad para estar al tanto de las amenazas y saber cómo protegerse.

Cumplimiento de las regulaciones de protección de datos: Las plataformas de inversión deben cumplir con las leyes y regulaciones de protección de datos aplicables, como el Reglamento General de Protección de Datos (RGPD) en la Unión Europea.

Selección de proveedores de servicios de IA confiables: Los inversores deben elegir proveedores de servicios de IA que tengan un historial comprobado de protección de la ciberseguridad y la privacidad de datos.

Monitoreo y respuesta a incidentes: Las plataformas de inversión deben tener procedimientos establecidos para monitorear incidentes de ciberseguridad y responder a ellos de manera rápida y efectiva.

El Papel de los Reguladores:

Los reguladores financieros tienen un papel crucial que desempeñar en la protección de la ciberseguridad y la privacidad de datos en la inversión con IA:

Establecimiento de estándares de seguridad: Los reguladores deben establecer estándares de seguridad para las plataformas de inversión impulsadas por IA.

Supervisión de las prácticas de protección de datos: Los reguladores deben supervisar las prácticas de protección de datos de las plataformas de inversión y tomar medidas contra aquellas que no cumplan con las regulaciones.

Investigación y desarrollo de nuevas regulaciones: Los reguladores deben investigar y desarrollar nuevas regulaciones para abordar los nuevos desafíos y riesgos que surgen en la inversión con IA.

Recomendaciones adicionales:

Mantenerse informado sobre las amenazas cibernéticas: Es importante mantenerse informado sobre las últimas amenazas cibernéticas y las vulnerabilidades en el ámbito de la inversión con la IA. Suscribirse a fuentes de noticias de seguridad cibernética y asistir a seminarios o cursos sobre el tema.

Utilizar contraseñas seguras y únicas: Utilizar contraseñas seguras y únicas para todas las cuentas de inversión y plataformas de IA. Evitar reutilizar contraseñas en diferentes sitios web o aplicaciones.

Habilitar la autenticación de dos factores (2FA): Activar la autenticación de dos factores (2FA) siempre que esté disponible. La 2FA agrega una capa adicional de seguridad al proceso de inicio de sesión, requiriendo un código adicional además de la contraseña.

Tener cuidado con los correos electrónicos de phishing: Desconfiar de los correos electrónicos sospechosos, especialmente aquellos que solicitan información personal o financiera. No hacer clic en enlaces ni abrir archivos adjuntos de remitentes desconocidos.

Mantener el software actualizado: Mantener actualizado el software de las computadoras o dispositivos móviles utilizados para acceder a plataformas de inversión o ejecutar herramientas de IA. Las actualizaciones suelen incluir parches de seguridad para corregir vulnerabilidades.

Hacer copias de seguridad de datos importantes: Realizar copias de seguridad periódicas de los datos financieros y de inversión importantes. Esto puede ayudar a recuperar la información en caso de un ataque cibernético u otro incidente.

Futuro de la Ciberseguridad y la Protección de Datos:

A medida que la inversión con IA siga creciendo, la ciberseguridad y la protección de datos seguirán siendo áreas de gran preocupación.

Aquí hay algunas tendencias a tener en cuenta:

Inteligencia artificial para la ciberseguridad: La IA también se puede utilizar para mejorar la ciberseguridad. Los algoritmos de IA pueden detectar patrones y comportamientos anómalos que podrían indicar un ataque cibernético.

Regulaciones de privacidad más estrictas: Es probable que los reguladores implementen regulaciones de privacidad más estrictas para proteger los datos de los inversores.

Blockchain y otras tecnologías de seguridad: Las tecnologías emergentes como blockchain pueden desempeñar un papel en la mejora de la seguridad de los datos y la transparencia en la inversión con IA.

Mayor conciencia del inversor: A medida que los inversores se vuelvan más conscientes de los riesgos de seguridad cibernética, exigirán mayores garantías de protección de datos de los proveedores de servicios de IA.

Conclusión

La ciberseguridad y la protección de datos son aspectos cruciales para el éxito a largo plazo de la inversión con IA. Al adoptar un enfoque proactivo de la seguridad y la privacidad, los inversores, las plataformas de inversión y los reguladores pueden trabajar juntos para crear un ecosistema de inversión con IA más seguro y confiable para todos.

La inversión con IA tiene el potencial de revolucionar el mercado financiero, pero es fundamental abordar las preocupaciones de ciberseguridad y protección de datos para garantizar un entorno de inversión justo y transparente.Siguiendo las recomendaciones y estando atento a las tendencias futuras, los inversores pueden aprovechar los beneficios de la IA con la confianza de que sus datos están protegidos.

CAPÍTULO 13:

Empezando con Poco:
Estrategias para Principiantes en la Inversión con IA

La inversión con inteligencia artificial (IA) ofrece un mundo de posibilidades para aquellos que buscan mejorar sus estrategias de inversión y alcanzar sus objetivos financieros. Sin embargo, para muchos principiantes, el panorama de la IA puede parecer intimidante, lleno de términos complejos y tecnologías sofisticadas.

En este capítulo, exploraremos estrategias prácticas y accesibles para que los principiantes puedan comenzar su viaje en la inversión con IA, sin necesidad de grandes cantidades de capital o conocimientos técnicos profundos.

1. Inversión en Fondos Mutuos y ETFs Basados en IA: Una de las formas más sencillas para que los principiantes se inicien en la inversión con IA es a través de fondos mutuos y ETFs (Exchange Traded Funds) que utilizan estrategias de IA para seleccionar activos y gestionar carteras. Estos fondos ofrecen a los inversores una exposición diversificada a diferentes sectores y activos, sin necesidad de realizar análisis complejos o tomar decisiones de inversión individuales.

2. Plataformas de Inversión Automatizada (Robo-Advisors): Las plataformas de inversión automatizada, también conocidas como robo-advisors, utilizan algoritmos de IA para automatizar el proceso de inversión, desde la selección de activos hasta la rebalanceo de la cartera. Estas plataformas son ideales para principiantes que buscan una experiencia de inversión sin complicaciones y con un enfoque personalizado basado en sus objetivos de riesgo y retorno.

3. Microinversión con IA: La microinversión, la práctica de invertir pequeñas cantidades de dinero regularmente, se ha vuelto aún más accesible gracias a la IA. Existen aplicaciones y plataformas que permiten a los inversores invertir en fracciones de acciones, fondos cotizados en bolsa (ETFs) e incluso criptomonedas utilizando IA para optimizar sus estrategias de micro inversión.

4. Inversión Social con IA: La inversión social, que implica seguir las estrategias de inversión de inversores experimentados, se ha visto impulsada por la IA. Plataformas como eToro y Robinhood utilizan IA para conectar a inversores principiantes con inversores experimentados, permitiendo a los principiantes replicar las estrategias de los expertos y aprender de sus decisiones.

5. Inversión en Activos Digitales con IA: La IA está jugando un papel cada vez más importante en el mundo de los activos digitales, como las criptomonedas y los tokens no fungibles (NFTs). Existen plataformas que utilizan IA para analizar datos de mercado, identificar tendencias y recomendar activos digitales con potencial de crecimiento. Sin embargo, es crucial recordar que la inversión en activos digitales conlleva un alto nivel de riesgo y volatilidad.

Consejos para Principiantes:

Comience con poco: No es necesario invertir grandes cantidades de dinero para comenzar. Incluso pequeñas inversiones pueden generar un crecimiento significativo a largo plazo.

Elija estrategias adecuadas para su perfil de riesgo: Evalúe su tolerancia al riesgo y elija estrategias de inversión que se alineen con su perfil.

Diversifique sus inversiones: No ponga todos sus huevos en una sola canasta. Distribuya su inversión en diferentes activos y estrategias para reducir el riesgo.

Invierta a largo plazo: La IA puede ser una herramienta poderosa para la inversión a largo plazo. No se desespere por las fluctuaciones del mercado a corto plazo.

Aprenda y manténgase informado: Dedique tiempo a aprender sobre la inversión con IA y manténgase actualizado sobre las últimas tendencias y desarrollos en este campo.

Busque asesoría profesional: Si necesita ayuda, no dude en consultar con un asesor financiero o un profesional de inversión con experiencia en IA.

Recursos adicionales:

Simuladores de Inversión con IA:

Los simuladores de inversión con IA son una excelente herramienta para que los principiantes experimenten con diferentes estrategias y aprendan sobre el funcionamiento de la inversión con IA sin arriesgar dinero real. Estos simuladores permiten a los usuarios crear carteras virtuales, probar diferentes modelos de IA y observar cómo reaccionan ante distintos escenarios de mercado. Algunos simuladores populares basados en IA incluyen:

Wealthfront: https://www.wealthfront.com/ (Ofrece una cuenta de práctica gratuita con herramientas de inversión automatizada basadas en IA).

TD Ameritrade paperMoney: https://www.schwab.com/trading/thinkorswim/guestpass (Plataforma de simulación gratuita para probar estrategias de inversión).

Investopedia Stock Simulator: https://www.investopedia.com/simulator/ (Simulador gratuito para practicar la compraventa de acciones).

Glosario de Términos Básicos de Inversión con IA:

Para ayudar a los principiantes a navegar por el mundo de la inversión con IA, aquí te presentamos un glosario de algunos términos básicos:

Inteligencia Artificial (IA): Simulación de la inteligencia humana en máquinas que les permite aprender y mejorar a partir de datos.

Algoritmo: Conjunto de instrucciones que un programa informático sigue para realizar una tarea específica.

Aprendizaje Automático (Machine Learning): Un subconjunto de la IA que permite a los algoritmos aprender de los datos sin ser programados explícitamente.

Big Data: Grandes conjuntos de datos que se utilizan para entrenar modelos de IA.

Cartera: Una colección de activos financieros, como acciones, bonos y fondos, que posee un inversor.

Diversificación: La práctica de invertir en diferentes tipos de activos para reducir el riesgo.

Volatilidad: La fluctuación del precio de un activo en el mercado.

Robo-Advisor: Plataforma de inversión automatizada que utiliza algoritmos para crear y gestionar carteras.

Microinversión: La práctica de invertir pequeñas cantidades de dinero regularmente.

Activos Digitales: Activos virtuales como criptomonedas y tokens no fungibles (NFT) que existen en un libro mayor digital.

Conclusión

La inversión con IA ofrece a los principiantes una oportunidad emocionante para participar en los mercados financieros. Al comenzar con poco, aprovechar las estrategias y herramientas adecuadas, y centrarse en el aprendizaje continuo, los principiantes pueden sentar las bases para un futuro financiero exitoso. Recuerde, la inversión siempre implica cierto grado de riesgo, por lo que es importante invertir de manera responsable y mantenerse informado sobre las tendencias del mercado. Con la actitud correcta y la estrategia adecuada, la inversión con IA puede ser una herramienta poderosa para alcanzar sus objetivos financieros a largo plazo.

CAPÍTULO 14:

Inversión Responsable con IA

La inteligencia artificial (IA) está revolucionando el panorama de la inversión, ofreciendo nuevas herramientas y estrategias para que los inversores alcancen sus objetivos financieros de manera más eficiente y efectiva. Sin embargo, junto a este avance tecnológico surgen nuevas responsabilidades éticas y sociales que los inversores deben considerar para garantizar que sus inversiones se alinean con sus valores y principios.

¿Qué es la Inversión Responsable con IA?

La inversión responsable con IA se refiere a la práctica de utilizar herramientas y estrategias de inversión impulsadas por IA para generar retornos financieros mientras se considera el impacto social, ambiental y ético de las inversiones. Implica evaluar no solo el potencial de rendimiento financiero de una inversión, sino también su impacto en las personas, el planeta y la sociedad en general.

Principios de la Inversión Responsable con IA:

Los principios de la inversión responsable con IA se basan en los principios tradicionales de la inversión responsable e incorporan consideraciones específicas relacionadas con la IA:

Gobernanza ambiental, social y corporativa (ESG): Evaluar el desempeño de las empresas en términos de factores ambientales, sociales y de gobernanza, además de su desempeño financiero.

Sostenibilidad: Priorizar inversiones que contribuyan a un futuro sostenible, como energías renovables, tecnologías limpias y empresas con prácticas ambientales responsables.

Impacto social: Considerar el impacto social de las inversiones, apoyando empresas que promueven el bienestar social, la igualdad y los derechos humanos.

Ética de la IA: Asegurar que las herramientas y estrategias de IA utilizadas en la toma de decisiones de inversión se alineen con principios éticos, como la transparencia, la responsabilidad y la no discriminación.

Transparencia: Ser transparente sobre los criterios de inversión responsables utilizados y el impacto de las inversiones en los factores ESG y de sostenibilidad.

Beneficios de la Inversión Responsable con IA:

La inversión responsable con IA ofrece múltiples beneficios:

Alineación con valores: Permite a los inversores alinear sus inversiones con sus valores personales y contribuir a un futuro más sostenible y equitativo.

Reducción de riesgos: Considerar factores ESG y de sostenibilidad puede ayudar a reducir riesgos a largo plazo asociados con eventos ambientales, sociales o de gobernanza adversos.

Retorno de la inversión: Las inversiones responsables con IA pueden generar retornos financieros competitivos a largo plazo, a medida que la demanda de empresas y activos sostenibles sigue creciendo.

Impacto positivo: Contribuir a un impacto positivo en el mundo al apoyar empresas y proyectos que promueven el desarrollo sostenible, la justicia social y el bien común.

Desafíos de la Inversión Responsable con IA:

Si bien la inversión responsable con IA ofrece grandes beneficios, también presenta algunos desafíos:

Medición del impacto: Medir el impacto social y ambiental de las inversiones puede ser complejo y requerir metodologías robustas.

Disponibilidad de datos: La falta de datos ESG y de sostenibilidad estandarizados y accesibles puede dificultar la evaluación de las inversiones.

Exclusión de oportunidades: La aplicación estricta de criterios de inversión responsables puede excluir algunas oportunidades de inversión rentables.

Riesgo de lavado verde: Existe el riesgo de que algunas empresas exageren o falsifiquen sus credenciales ESG para atraer inversores responsables.

Herramientas y Recursos para la Inversión Responsable con IA:

Existen diversas herramientas y recursos disponibles para ayudar a los inversores a realizar inversiones responsables con IA:

Índices ESG: Índices de mercado que rastrean el desempeño de empresas con altos estándares de ESG.

Calificaciones ESG: Calificaciones proporcionadas por agencias especializadas que evalúan el desempeño ESG de las empresas.

Fondos de Inversión Responsables: Fondos de inversión que invierten en empresas que cumplen con criterios ESG y de sostenibilidad.

Plataformas de Inversión Sostenible: Plataformas en línea que facilitan la inversión en activos sostenibles y empresas con impacto social positivo.

Recomendaciones para Invertir de Manera Responsable con IA:

Para invertir de manera responsable con IA, se recomienda seguir estas pautas:

Definir objetivos claros: Definir claramente sus objetivos de inversión y los valores que desea priorizar.

Investigar y evaluar: Investigar y evaluar cuidadosamente las empresas y activos en los que planea invertir, considerando sus criterios ESG y de sostenibilidad.

Diversificar la cartera: Diversificar su cartera invirtiendo en una variedad de activos y sectores para reducir el riesgo.

Monitorear y re-evaluar: Monitorear el desempeño de sus inversiones y re-evaluar periódicamente su estrategia de inversión en función de sus objetivos y valores.

Buscar asesoría profesional: Buscar asesoría profesional de un asesor financiero o un especialista en inversión responsable si lo que deseas es garantizar una inversión responsable con IA. requiere la participación activa de los reguladores y las ONGs:

Reguladores: Los reguladores financieros pueden desempeñar un papel crucial en la inversión responsable con IA al:

- Estableciendo estándares de divulgación de información ESG para las empresas.
- Desarrollando marcos regulatorios para la ética de la IA en las inversiones.
- Promoviendo la transparencia y la rendición de cuentas en las inversiones responsables.
- Organizaciones no Gubernamentales (ONGs): Las ONGs pueden contribuir a la inversión responsable con IA mediante:
- Desarrollando metodologías para medir el impacto social y ambiental de las inversiones.
- Proporcionando educación e información a los inversores sobre la inversión responsable.
- Promoviendo la inversión en proyectos sostenibles y de impacto social.

El Futuro de la Inversión Responsable con IA:

La inversión responsable con IA tiene el potencial de transformar el panorama de las inversiones hacia un futuro más sostenible y equitativo. A medida que la tecnología IA siga evolucionando, podemos esperar ver:

Mayor integración de la IA en la inversión responsable: La IA desempeñará un papel aún más importante en la evaluación de inversiones, identificando oportunidades sostenibles y gestionando carteras socialmente responsables.

Desarrollo de herramientas de IA más sofisticadas: Se desarrollarán herramientas de IA más sofisticadas para medir el impacto social y ambiental de las inversiones con mayor precisión.

Aumento de la inversión sostenible: La demanda de inversiones sostenibles seguirá creciendo a medida que los inversores se vuelvan más conscientes de los factores ESG y de impacto social.

Mayor transparencia y rendición de cuentas: Las regulaciones y las iniciativas de las ONGs promoverán una mayor transparencia y rendición de cuentas en la inversión responsable con IA.

Conclusión

La inversión responsable con IA es una forma poderosa para que los inversores logren sus objetivos financieros mientras contribuyen a un futuro mejor. Al adoptar principios ESG, invertir en empresas sostenibles y utilizar herramientas de IA de manera ética, los inversores pueden generar un impacto positivo en el mundo. La inversión responsable con IA tiene el potencial de transformar las inversiones en una fuerza para el bien, creando valor a largo plazo para los inversores, las empresas, la sociedad y el planeta.

CAPÍTULO 15:

Casos de Éxito:
Aprendiendo de los Líderes en Inversión con IA

El mundo de la inversión con IA está en constante evolución, con nuevas empresas y estrategias innovadoras que surgen constantemente. Para los inversores que buscan inspiración y aprendizaje, analizar los casos de éxito de los líderes en este campo puede ser una herramienta invaluable.

En este capítulo, exploraremos algunos ejemplos de empresas y profesionales que están utilizando la IA de manera innovadora y responsable para generar retornos financieros y un impacto positivo en el mundo.

1. Bridgewater Associates: Bridgewater Associates, una de las firmas de inversión más grandes del mundo, utiliza IA a gran escala para analizar datos de mercado, identificar patrones y tomar decisiones de inversión. Su sistema de IA, Bridgewater Pure Alpha, se basa en algoritmos de aprendizaje automático que procesan grandes cantidades de datos de diversas fuentes, incluyendo noticias, informes financieros y datos de redes sociales.

2. Renaissance Technologies: Renaissance Technologies es una firma de inversión cuantitativa pionera en el uso de IA para la inversión en alta frecuencia. Sus algoritmos de IA identifican oportunidades de compra y venta en el mercado de valores en fracciones de segundo, aprovechando pequeñas ineficiencias del mercado para generar retornos consistentes.

3. AQR Capital Management: AQR Capital Management utiliza IA para desarrollar sofisticadas estrategias de inversión basadas en análisis de factores.Sus algoritmos de IA identifican factores económicos y de mercado que han demostrado ser predictivos del desempeño futuro de las acciones, bonos y otros activos.

4. Baidu: Baidu, el gigante tecnológico chino, utiliza IA para desarrollar plataformas de inversión automatizada que ayudan a los inversores individuales a gestionar sus carteras de manera eficiente. Sus algoritmos de IA analizan el perfil de riesgo de cada inversor y sugieren inversiones adecuadas en función de sus objetivos financieros.

5. BlackRock: BlackRock, la firma de gestión de activos más grande del mundo, está invirtiendo fuertemente en el desarrollo de herramientas de IA para mejorar sus procesos de inversión. Sus algoritmos de IA se utilizan para identificar riesgos,analizar tendencias de mercado y optimizar la asignación de activos en las carteras de sus clientes.

Lecciones aprendidas de los líderes en inversión con IA:

Al analizar los casos de éxito de los líderes en inversión con IA, podemos extraer valiosas lecciones que pueden ser aplicadas por inversores de todos los niveles:

El poder de los datos: La IA funciona con datos, por lo que es crucial contar con datos de alta calidad y relevantes para entrenar los modelos de IA.

La importancia de la diversidad: Los algoritmos de IA pueden ser sesgados si no se entrenan con datos diversos.Es importante considerar la diversidad de fuentes de datos y perspectivas al desarrollar estrategias de IA.

La necesidad de transparencia: La transparencia es fundamental para generar confianza en las decisiones de inversión impulsadas por IA. Es importante explicar cómo funcionan los algoritmos de IA y cómo se utilizan para tomar decisiones.

El enfoque en la ética: La IA debe utilizarse de manera ética y responsable. Es importante establecer principios éticos claros para el desarrollo y la utilización de la IA en la inversión.

Conclusión

La inversión con IA está transformando el panorama de las inversiones, y los líderes en este campo están mostrando cómo la IA puede utilizarse para generar retornos financieros y un impacto positivo en el mundo. Al aprender de sus experiencias y aplicar las lecciones aprendidas, los inversores de todos los niveles pueden aprovechar el poder de la IA para alcanzar sus objetivos financieros y contribuir a un futuro más sostenible y equitativo.

Capítulo 16:

El Futuro de la Inversión con IA:
Un Viaje a Través de Horizontes Infinitos

En el dinámico panorama de las inversiones, la inteligencia artificial (IA) emerge como un faro de innovación, iluminando un camino hacia un futuro sin precedentes. Este capítulo te embarca en un viaje fascinante a través de las tendencias que definirán la inversión con IA, explorando sus posibilidades, desafíos y el impacto que tendrá en el mundo financiero.

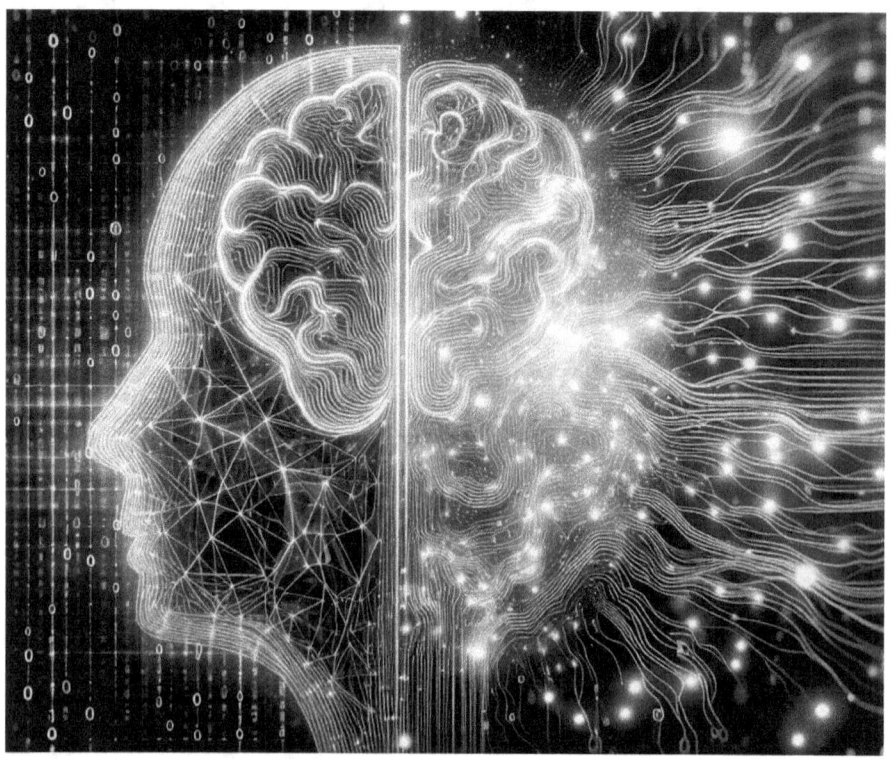

Un Panorama Transformado: La IA como Catalizador del Cambio

La IA está transformando el mundo de las inversiones a un ritmo vertiginoso, inyectando dosis de inteligencia artificial en cada etapa del proceso. Desde el análisis de datos hasta la ejecución de transacciones, la IA está redefiniendo la forma en que los inversores navegan por los mercados financieros.

Algoritmos Potentes: El Cerebro de la Inversión Inteligente

Los algoritmos de IA, impulsados por el poder de la computación en la nube y el acceso a vastos conjuntos de datos, se están convirtiendo en el cerebro de la inversión inteligente. Estos algoritmos, capaces de procesar información a velocidades inimaginables, pueden identificar patrones ocultos en los datos de mercado, predecir tendencias futuras y tomar decisiones de inversión con precisión y eficiencia.

Automatización Inteligente: Liberando el Potencial Humano

La automatización impulsada por IA está liberando a los inversores de tareas repetitivas y mundanas, permitiéndoles enfocarse en aspectos más estratégicos de la toma de decisiones. Al automatizar tareas como la investigación de mercado, la selección de activos y la gestión de carteras, la IA libera tiempo para que los inversores se concentren en la creación de estrategias innovadoras y la construcción de relaciones sólidas con sus clientes.

Personalización a Medida: Adaptando la Inversión a Cada Individuo

La IA está revolucionando la inversión al ofrecer experiencias personalizadas que se adaptan a las necesidades, objetivos y perfiles de riesgo únicos de cada inversor. Al comprender las preferencias de cada individuo, la IA puede crear estrategias de inversión personalizadas que maximizan las posibilidades de éxito y minimizan el riesgo.

Inversión Socialmente Responsable: Un Enfoque Ético y Sostenible

La IA está impulsando la inversión socialmente responsable (ISR), permitiendo a los inversores alinear sus inversiones con sus valores éticos y contribuir a un futuro más sostenible. Los algoritmos de IA pueden identificar empresas que se adhieren a prácticas ambientales y sociales responsables, promoviendo inversiones que generan retornos financieros y un impacto positivo en el mundo.

Nuevos Horizontes: Explorando Fronteras Financieras

La IA está abriendo nuevas fronteras en el mundo de las inversiones, permitiendo a los inversores explorar activos y mercados que antes eran inaccesibles. Desde criptomonedas y activos digitales hasta empresas en etapa inicial, la IA está ampliando el universo de oportunidades de inversión y creando nuevas vías para la creación de riqueza.

Desafíos y Riesgos: Navegando por un Mar de Incertidumbre

A pesar de su potencial transformador, la inversión con IA no está exenta de desafíos y riesgos. Es crucial abordarlos de manera proactiva para garantizar un futuro de inversión responsable y sostenible.

Sesgo Algorítmico: Evitando Prejuicios en la Toma de Decisiones

Los algoritmos de IA pueden desarrollar sesgos si no se entrenan con datos diversos y representativos. Estos sesgos pueden conducir a decisiones de inversión discriminatorias o injustas. Es fundamental implementar prácticas de desarrollo de IA responsables que mitiguen el sesgo y promuevan la equidad.

Dependencia Tecnológica: Equilibrando la Automatización con la Experiencia Humana

La excesiva dependencia de la IA en la toma de decisiones de inversión puede generar riesgos si los sistemas fallan o se manipulan. Es importante mantener un equilibrio entre la automatización y la supervisión humana, asegurando que los inversores humanos mantengan el control y la responsabilidad final.

Preocupaciones Éticas: Estableciendo Marcos para la Integridad

La IA plantea nuevas preocupaciones éticas en el ámbito de la inversión, como la transparencia, la privacidad y la responsabilidad. Es necesario establecer marcos éticos claros para el desarrollo y la utilización de la IA en las inversiones, garantizando que se utilice de manera responsable y transparente.

Impacto en la Industria: Una Transformación Profunda

La inversión con IA está teniendo un impacto profundo en la industria de servicios financieros, transformando la forma en que las empresas operan, interactúan con sus clientes y generan ingresos.

Democratización de las Inversiones: Acceso para Todos

La IA está democratizando las inversiones, permitiendo que inversores individuales con acceso a Internet puedan acceder a estrategias de inversión sofisticadas que antes solo estaban disponibles para instituciones financieras y grandes inversores.

Nuevos Productos y Servicios: Innovación Impulsada por IA

Las empresas de servicios financieros están utilizando IA para desarrollar nuevos productos y servicios innovadores, como asesores financieros virtuales, plataformas de negociación automatizada y herramientas de análisis de riesgo personalizadas.

Mayor Eficiencia y Reducción de Costos

La IA está impulsando la eficiencia en la industria de servicios financieros, automatizando tareas repetitivas, reduciendo costos y mejorando la calidad de los servicios.

Mayor Transparencia y Rendición de Cuentas

La IA está aumentando la transparencia y la rendición de cuentas en la industria de servicios financieros, permitiendo a los inversores comprender mejor las estrategias de inversión y monitorear el desempeño de sus inversiones.

El Papel de los Reguladores y las Organizaciones no Gubernamentales (ONGs): Asegurando un Futuro Responsable

Garantizar un futuro de inversión con IA responsable y sostenible requiere la participación activa de los reguladores y las ONGs.

Regulación: Estableciendo Normas y Protecciones

Los reguladores financieros tienen un papel crucial para establecer normas y protecciones que garanticen que la IA se utilice de manera responsable y ética en las inversiones. Esto incluye la regulación del desarrollo de algoritmos de IA, la protección de datos de los inversores y la prevención de prácticas discriminatorias.

ONGs: Promoviendo la Ética y la Transparencia

Las ONGs pueden contribuir al desarrollo responsable de la inversión con IA promoviendo la ética, la transparencia y la rendición de cuentas. Esto incluye la investigación del impacto social y ambiental de la IA en las inversiones, el desarrollo de estándares éticos y la implementación de prácticas de divulgación de información.

Conclusión Final: Un Futuro Brillante para la Inversión con IA

La inversión con IA tiene el potencial de transformar el mundo de las inversiones, ofreciendo nuevas oportunidades para generar retornos financieros, un impacto positivo en el mundo y un acceso más equitativo a los servicios financieros. Al abordar los desafíos y riesgos potenciales asociados con la IA, como el sesgo algorítmico, la dependencia tecnológica y las preocupaciones éticas, podemos garantizar que se utilice de manera responsable y ética para crear un futuro financiero más próspero, sostenible e inclusivo.

Nuevas Fronteras: Explorando el Potencial de la IA Avanzada

La inversión con IA está a punto de experimentar una revolución con la incorporación de tecnologías de IA avanzada como el aprendizaje profundo y la inteligencia artificial general (AGI). Echemos un vistazo a algunas de las posibilidades más apasionantes que estas tecnologías desbloquearán:

Aprendizaje Profundo y Extracción de Patrones Complejos

El aprendizaje profundo, un subconjunto del aprendizaje automático, permitirá a los algoritmos de IA extraer patrones complejos de conjuntos de datos masivos, identificando relaciones ocultas y generando predicciones de inversión aún más precisas. Esto podría conducir a estrategias de inversión innovadoras y un mayor rendimiento.

Inteligencia General Artificial: La IA del Futuro

La inteligencia artificial general (AGI), un hipotético tipo de IA que posee capacidades cognitivas similares a las de los humanos, podría revolucionar por completo el mundo de las inversiones. Los sistemas AGI podrían comprender el contexto financiero, adaptarse a situaciones cambiantes y tomar decisiones de inversión creativas e innovadoras que van más allá de las capacidades de la IA actual.

Inversión en Mercados No Líquidos: Nuevos Horizontes para la IA

La IA puede desempeñar un papel fundamental en la inversión en mercados no líquidos, como el capital privado y el capital de riesgo. Los algoritmos de IA pueden analizar grandes cantidades de datos no estructurados, como informes de empresas, noticias y redes sociales, para identificar oportunidades de inversión prometedoras en estas clases de activos opacos y difíciles de navegar.

IA Explicable: Transparencia y Confianza en las Decisiones

A medida que la IA se vuelve más compleja, la necesidad de una IA explicable se vuelve crucial. La IA explicable permitirá a los inversores comprender cómo los algoritmos de IA toman decisiones de inversión, generando confianza y transparencia en el proceso.

Habilidades Necesarias para el Éxito: Evolucionando con la IA

La inversión con IA requerirá que los profesionales del sector financiero desarrollen un nuevo conjunto de habilidades para prosperar en este nuevo entorno. Algunas de las habilidades más demandadas incluyen:

Conocimientos de IA: Los profesionales necesitarán una comprensión básica de los conceptos de IA y aprendizaje automático para aprovechar estas tecnologías en sus estrategias de inversión.

Pensamiento crítico y analítico: Será crucial la capacidad de evaluar críticamente las recomendaciones de la IA y tomar decisiones de inversión informadas y responsables.

Habilidades de comunicación: La comunicación efectiva será fundamental para explicar las estrategias de inversión basadas en IA a los clientes y partes interesadas.

Adaptabilidad y capacidad de aprendizaje continuo: El panorama de la inversión con IA cambiará rápidamente, por lo que la capacidad de adaptarse y aprender continuamente será clave para el éxito.

Un Llamado a la Acción: Construyendo un Futuro de Inversión con IA Responsable

El futuro de la inversión con IA está lleno de posibilidades, pero también de desafíos. Para garantizar que esta tecnología se use para el bien común, es necesario un llamado a la acción colectivo:

Inversión basada en Valores: Alineación con los ODS

Los inversores deben considerar alinear sus estrategias de inversión con los Objetivos de Desarrollo Sostenible (ODS) de las Naciones Unidas. La IA puede utilizarse para identificar empresas que contribuyen a estos objetivos, generando retornos financieros al mismo tiempo que se promueve un impacto social positivo.

Educación e Investigación: Promoviendo la Comprensión de la IA

La educación e investigación en torno a la IA son fundamentales para construir un futuro de inversión responsable. Es necesario promover la comprensión de la IA entre los inversores, los reguladores y el público en general.

Colaboración: Construyendo un Ecosistema Ético

La colaboración entre inversores, empresas de tecnología, reguladores y ONGs es crucial para desarrollar y utilizar la IA de manera responsable y ética en el mundo de las inversiones. Un ecosistema colaborativo puede identificar y abordar los desafíos potenciales antes de que se conviertan en problemas sistémicos.

Conclusión Final: Un Futuro Brillante para la Inversión con IA

La inversión con IA tiene el potencial de transformar el mundo de las inversiones, ofreciendo nuevas oportunidades para generar retornos financieros, un impacto positivo en el mundo y un acceso más equitativo a los servicios financieros. Al abordar los desafíos y riesgos potenciales asociados con la IA, como el sesgo algorítmico, la dependencia tecnológica y las preocupaciones éticas, podemos garantizar que se utilice de manera responsable y ética para crear un futuro financiero más próspero, sostenible e inclusivo.

CAPÍTULO 17:

Impuestos y Contabilidad para Inversiones con IA:
Navegando por un Panorama Complejo

En el dinámico mundo de las inversiones con IA, navegar por las complejidades de los impuestos y la contabilidad puede ser un desafío desalentador. Este capítulo te embarca en un viaje profundo a través de las implicaciones fiscales y contables de la inversión con IA, equipándote con el conocimiento y las estrategias necesarias para navegar por este panorama en constante evolución.

Implicaciones Fiscales de la Inversión con IA: Un Rompecabezas Multifacético

Las inversiones con IA presentan una gama única de desafíos fiscales que requieren una comprensión profunda de las leyes fiscales aplicables y las prácticas contables estándar. A continuación, se detallan algunos de los aspectos fiscales clave a considerar:

Ganancia de Capital e Impuestos sobre la Renta:

Las ganancias de capital obtenidas de la venta de activos digitales, como criptomonedas y tokens, están sujetas a impuestos sobre la renta en la mayoría de las jurisdicciones. La tasa de impuestos aplicable dependerá del tipo de activo, el período de tenencia y la residencia fiscal del inversor.

Impuestos sobre Transacciones:

Las transacciones con activos digitales, como la compra y venta en intercambios de criptomonedas, pueden generar impuestos sobre transacciones, como el impuesto sobre las ventas o el impuesto sobre transferencias. La tasa y aplicabilidad de estos impuestos varían según la jurisdicción.

Impuestos sobre la Renta de las Inversiones:

Los ingresos generados por inversiones con IA, como las ganancias de minería de criptomonedas o las recompensas por stacking, pueden estar sujetos a impuestos sobre la renta como ingresos ordinarios. La tasa de impuestos aplicable dependerá de la residencia fiscal del inversor y las leyes fiscales locales.

Impuestos sobre Sociedades:

Las empresas que invierten en IA o utilizan tecnologías de IA en sus operaciones pueden enfrentar impuestos sobre sociedades relacionados con la adquisición, el desarrollo y la utilización de la IA. La estructura fiscal específica dependerá de la estructura legal de la empresa y las leyes fiscales locales.

Impuestos Internacionales:

Las inversiones con IA que cruzan fronteras internacionales pueden generar complejidades fiscales adicionales, como la obligación de declarar impuestos en múltiples jurisdicciones y la aplicación de tratados de doble imposición.

Contabilidad para Inversiones con IA: Transparencia y Precisión

Mantener registros contables precisos y transparentes es fundamental para las inversiones con IA. Esto incluye el seguimiento de:

Costo de Adquisición:

El costo original de adquisición de activos digitales, como criptomonedas y tokens, debe registrarse como un activo fijo en el balance general.

Depreciación o Amortización:

Los activos digitales con una vida útil limitada pueden depreciarse o amortizarse a lo largo de su vida útil.

Ingresos por Inversiones:

Los ingresos generados por inversiones con IA, como las ganancias de minería de criptomonedas o las recompensas por stacking, deben registrarse como ingresos en el estado de resultados.

Transacciones:

Todas las transacciones con activos digitales, como compras, ventas y transferencias, deben registrarse en el libro mayor y reflejarse en el balance general y el estado de resultados.

Desafíos y Soluciones: Navegando por un Panorama Dinámico

Las inversiones con IA presentan desafíos únicos para la contabilidad y los impuestos, que requieren soluciones innovadoras y adaptables. Algunos de los desafíos más comunes incluyen:

Falta de Estandarización:

La falta de estándares contables y fiscales específicos para las inversiones con IA puede generar incertidumbre y dificultar la comparación de resultados financieros entre empresas.

Volatilidad del Mercado:

La alta volatilidad de los precios de los activos digitales puede dificultar la valoración precisa de estas inversiones y generar desafíos para el cálculo de impuestos sobre la renta y las ganancias de capital.

Complejidad Tecnológica:

La naturaleza compleja de las tecnologías de IA puede dificultar el seguimiento y la medición de su valor y los beneficios asociados, lo que genera desafíos para la contabilidad precisa.

Soluciones:

Para abordar estos desafíos, es importante:

Mantenerse actualizado sobre las últimas regulaciones y directrices fiscales: Los inversores y las empresas deben mantenerse informados sobre las leyes fiscales y las regulaciones contables en constante evolución que afectan a las inversiones con IA.

Adoptar estándares de contabilidad reconocidos: La adopción de estándares de contabilidad reconocidos, como los Principios de Contabilidad Generalmente Aceptados (PCGA) o las Normas Internacionales de Información Financiera (NIIF), puede proporcionar una base sólida para la presentación de informes financieros transparentes.

Implementar sistemas de contabilidad de última generación: Las empresas que utilizan IA en sus inversiones o operaciones pueden beneficiarse de la implementación de sistemas de contabilidad de última generación diseñados para manejar la complejidad de los activos digitales y las transacciones basadas en IA. Estos sistemas pueden automatizar tareas contables, mejorar la precisión del seguimiento de inversiones y facilitar el cumplimiento fiscal.

Buscar asesoramiento profesional: Navegar por las complejidades fiscales y contables de las inversiones con IA puede ser un desafío. Buscar asesoramiento de expertos en impuestos y contabilidad con experiencia en activos digitales y tecnologías de IA es crucial para garantizar el cumplimiento fiscal y la toma de decisiones financieras informadas.

El Papel de las Autoridades Fiscales y los Organismos Normativos: Adaptándose al Cambio

Las autoridades fiscales y los organismos normativos tienen un papel fundamental en la adaptación a las inversiones con IA y en garantizar la transparencia, la equidad y la eficiencia en el sistema tributario. Algunas de las áreas clave de enfoque incluyen:

Desarrollo de marcos fiscales claros para activos digitales: Las autoridades fiscales necesitan desarrollar marcos fiscales claros y específicos para activos digitales, como criptomonedas y tokens, que aborden cuestiones como la clasificación de activos, las tasas impositivas aplicables y los requisitos de presentación de informes.

Colaboración internacional: La cooperación internacional entre las autoridades fiscales de diferentes jurisdicciones es crucial para abordar los desafíos fiscales transfronterizos asociados a las inversiones con IA y garantizar la aplicación uniforme de las leyes fiscales.

Proporcionar orientación y recursos: Las autoridades fiscales pueden desempeñar un papel importante en la educación de los inversores y las empresas sobre las implicaciones fiscales de las inversiones con IA. Esto puede incluir la publicación de guías, la celebración de seminarios y la creación de recursos en línea.

Estrategias para la Optimización Fiscal: Maximizando los Beneficios

Si bien las inversiones con IA presentan desafíos fiscales, también existen oportunidades para la optimización fiscal.Algunas estrategias a considerar incluyen:

Aprovechar las deducciones fiscales: Los inversores pueden aprovechar las deducciones fiscales disponibles relacionadas con las inversiones con IA, como la deducción por gastos de minería de criptomonedas o la deducción por depreciación de hardware informático utilizado en operaciones con IA.

Invertir en jurisdicciones con impuestos favorables: Algunos países y territorios ofrecen marcos fiscales favorables para las inversiones en activos digitales y tecnologías de IA. Considerar la inversión en estas jurisdicciones puede ayudar a minimizar la carga tributaria.

Planificación fiscal proactiva: La planificación fiscal proactiva con un asesor fiscal calificado puede ayudar a los inversores a desarrollar estrategias para minimizar su carga tributaria y maximizar los beneficios de sus inversiones con IA.

El Futuro de los Impuestos y la Contabilidad para las Inversiones con IA: Un panorama en Evolución

El futuro de los impuestos y la contabilidad para las inversiones con IA es dinámico y está sujeto a cambios continuos. A medida que la tecnología de IA evoluciona y se adopta de manera más generalizada, podemos esperar ver lo siguiente:

Mayor estandarización: Es probable que surjan estándares contables y fiscales más específicos para las inversiones con IA, lo que proporcionará claridad y coherencia en la presentación de informes financieros.

Automatización y uso de IA: La IA se utilizará cada vez más en los sistemas contables y fiscales, automatizando tareas, mejorando la eficiencia y reduciendo el riesgo de errores.

Mayor colaboración entre autoridades fiscales y empresas: La colaboración entre autoridades fiscales y empresas de tecnología será crucial para desarrollar marcos regulatorios y prácticas contables que fomenten la innovación responsable en el ámbito de las inversiones con IA.

Conclusión: Una Perspectiva Proactiva para el Éxito

Las inversiones con IA presentan un panorama fiscal y contable complejo, pero también lleno de oportunidades. Al comprender las implicaciones fiscales, adoptar prácticas contables sólidas, implementar estrategias de optimización fiscal y mantenerse actualizado sobre las últimas regulaciones, los inversores y las empresas pueden prepararse para el éxito en este entorno dinámico. Un enfoque proactivo y una estrategia bien definida serán fundamentales para navegar por las complejidades de las inversiones con IA y maximizar los beneficios financieros.

Glosario de Términos

Activos digitales: Representaciones digitales de valor o derechos almacenados en un libro mayor distribuido.

Criptomonedas: Activos digitales que utilizan criptografía para asegurar las transacciones y controlar la creación de unidades adicionales.

Tokens: Unidades digitales de valor que representan un activo o un derecho contractual en una plataforma blockchain.

Minería de criptomonedas: El proceso de validar transacciones en una red blockchain y ganar recompensas

Stacking: El proceso de bloquear criptomonedas en una plataforma blockchain para ayudar a validar transacciones y ganar recompensas.

Impuesto sobre las ventas: Un impuesto que se aplica a la venta de bienes y servicios.

Impuesto sobre transferencias: Un impuesto que se aplica a la transferencia de activos, como bienes raíces o valores.

Impuestos sobre la renta ordinaria: Impuestos que se aplican a los ingresos regulares obtenidos de fuentes como salarios, intereses y dividendos.

Impuestos sobre sociedades: Impuestos que se aplican a las ganancias de las empresas.

Tratado de doble imposición: Un acuerdo entre dos países que evita que los contribuyentes sean gravados sobre los mismos ingresos en ambas jurisdicciones.

Costo de adquisición: El costo original de compra de un activo.

Depreciación: La distribución del costo de un activo fijo a lo largo de su vida útil esperada.

Amortización: La distribución del costo de un activo intangible a lo largo de su vida útil esperada.

Principios de Contabilidad Generalmente Aceptados (PCGA): Un conjunto de estándares contables utilizados para la presentación de informes financieros.

Normas Internacionales de Información Financiera (NIIF): Un conjunto de estándares contables internacionales utilizados para la presentación de informes financieros.

Libro mayor distribuido (DLT): Una base de datos digital descentralizada que registra transacciones en un libro mayor transparente e inmutable.

Blockchain: Un tipo de libro mayor distribuido que utiliza criptografía para asegurar las transacciones y crear un registro inmutable de datos.

Apéndice: Recursos Adicionales

Para obtener más información sobre los impuestos y la contabilidad para inversiones con IA, se recomienda consultar los siguientes recursos:

Organización para la Cooperación y el Desarrollo Económicos (OCDE): La OCDE proporciona información y recursos sobre la tributación de las criptomonedas y otros activos digitales. (https://www.oecd.org/tax/tax-policy/flyer-taxing-virtual-currencies-an-overview-of-tax-treatments-and-emerging-tax-policy-issues.pdf)

Internal Revenue Service (IRS) de EE. UU.: El IRS de EE. UU. publica pautas para la tributación de las criptomonedas y otros activos digitales. (https://www.irs.gov/businesses/small-businesses-self-employed/digital-assets)

Financial Accounting Standards Board (FASB): El FASB es el organismo regulador de contabilidad de EE. UU. y proporciona información sobre la contabilidad de activos digitales. (https://www.fasb.org/)

International Accounting Standards Board (IASB): El IASB es el organismo regulador de contabilidad internacional y proporciona información sobre la contabilidad de activos intangibles. (https://www.ifrs.org/)

Publicaciones especializadas en impuestos y contabilidad: Hay varias publicaciones especializadas que cubren los impuestos y la contabilidad de las inversiones con IA.

Conclusión Final:
Un Llamado a la Acción para una Inversión Responsable

La inversión con IA presenta un enorme potencial para el crecimiento económico y la innovación. Sin embargo, es fundamental abordar las complejidades fiscales y contables asociadas a estas inversiones para garantizar la transparencia, la equidad y la estabilidad del sistema financiero global.

Un llamado a la acción colectivo es crucial para un futuro de inversión con IA responsable:

Los inversores y las empresas deben asumir la responsabilidad de cumplir con las normas fiscales y contables aplicables a sus inversiones con IA.

Las autoridades fiscales y los organismos normativos deben colaborar para desarrollar marcos regulatorios claros y adaptables que fomenten la innovación responsable en el ámbito de la IA.

La comunidad contable y fiscal debe trabajar en conjunto para desarrollar estándares y mejores prácticas para la contabilidad de las inversiones con IA.

Al trabajar juntos, podemos garantizar que las inversiones con IA se utilicen para crear un futuro financiero más próspero, sostenible y equitativo para todos.

CAPÍTULO 18:

Glosario de Términos de Inversión y IA:
Un Diccionario Completo para el Inversor Moderno

En el dinámico mundo de las inversiones, la inteligencia artificial (IA) está revolucionando el panorama, introduciendo nuevos conceptos y terminología que pueden resultar complejos para los inversores. Este capítulo te presenta un glosario completo de términos clave relacionados con la inversión y la IA, equipándote con las herramientas necesarias para comprender y navegar este entorno en constante evolución.

A

Activo digital: Una representación digital de valor o derechos almacenada en un libro mayor distribuido. Puede incluir criptomonedas, tokens, contratos inteligentes y otros activos digitales.

Algoritmo de aprendizaje automático: Un programa de computadora que aprende de los datos y mejora su rendimiento con el tiempo, sin necesidad de programación explícita. Los algoritmos de aprendizaje automático se utilizan en diversas aplicaciones de inversión, como el análisis de datos, la selección de activos y la ejecución de transacciones.

Análisis de datos de inversión: El proceso de examinar y analizar datos financieros y de mercado para identificar patrones, tendencias y oportunidades de inversión. La IA se está utilizando cada vez más para mejorar el análisis de datos de inversión, proporcionando información más precisa y procesable.

Aprendizaje profundo: Un subconjunto del aprendizaje automático que utiliza redes neuronales artificiales para aprender de grandes conjuntos de datos complejos. El aprendizaje profundo se utiliza en aplicaciones de inversión como la detección de fraudes, el reconocimiento de patrones y la predicción de precios.

Asistencia de inversión automatizada: El uso de tecnología de IA para proporcionar asesoramiento y recomendaciones de inversión personalizadas a los inversores. La asistencia de inversión automatizada puede ayudar a los inversores a tomar decisiones de inversión más informadas y reducir los costos asociados con la asesoría financiera tradicional.

Aumentación de la inteligencia humana: El uso de tecnología de IA para mejorar las capacidades cognitivas y de toma de decisiones de los humanos. En el contexto de la inversión, la IA puede utilizarse para aumentar la capacidad de los inversores para analizar datos, identificar oportunidades y tomar decisiones estratégicas.

B

Blockchain: Un tipo de libro mayor distribuido (DLT) que utiliza criptografía para asegurar las transacciones y crear un registro inmutable de datos. La tecnología blockchain se utiliza como base para las criptomonedas y otras aplicaciones descentralizadas.

Bots de negociación: Programas de computadora que utilizan algoritmos de IA para automatizar la compra y venta de activos en mercados financieros. Los bots de negociación pueden ayudar a los inversores a ejecutar transacciones de manera más rápida y eficiente, y pueden utilizarse para implementar estrategias de inversión complejas.

Big data: Un conjunto de datos extremadamente grande y complejo que es difícil de procesar con métodos tradicionales. La IA se utiliza para analizar big data en el contexto de la inversión, extrayendo información valiosa que puede utilizarse para tomar decisiones de inversión más informadas.

C

Capital privado: Inversión en empresas privadas no cotizadas en bolsa. La IA se está utilizando cada vez más para identificar oportunidades de inversión en capital privado, analizar el riesgo y evaluar el rendimiento potencial de las inversiones.

Criptomoneda: Un activo digital que utiliza criptografía para asegurar las transacciones y controlar la creación de unidades adicionales. Las criptomonedas como Bitcoin, Ethereum o Doge Coin se han convertido en activos de inversión populares, aunque presentan un alto grado de volatilidad.

Crowdfunding: El proceso de recaudar capital de una gran cantidad de inversores individuales, generalmente a través de plataformas en línea. La IA se utiliza para mejorar la eficiencia del crowdfunding, identificando inversores potenciales y evaluando el riesgo de las campañas de crowdfunding.

D

Datos alternativos: Datos no tradicionales que no se encuentran en fuentes financieras convencionales, como datos de redes sociales, datos de sensores y datos de comercio electrónico. La IA se utiliza para analizar datos alternativos en el contexto de la inversión, identificando patrones y tendencias que pueden no ser evidentes en los datos tradicionales.

Descentralización: La distribución del poder y la toma de decisiones entre múltiples partes, en lugar de una autoridad central. La tecnología blockchain y otras tecnologías de IA se utilizan para crear sistemas descentralizados, como las finanzas descentralizadas (DeFi).

Deep learning: Un subconjunto del aprendizaje automático que utiliza redes neuronales artificiales para aprender de grandes conjuntos de datos complejos. El aprendizaje profundo se utiliza en aplicaciones de inversión como la detección de fraudes, el reconocimiento de patrones y la predicción de precios.

E

Estrategia de inversión cuantitativa: Un enfoque de inversión que utiliza modelos matemáticos y algoritmos informáticos para identificar oportunidades de inversión y tomar decisiones de inversión. La IA se está utilizando cada vez más para mejorar las estrategias de inversión cuantitativa, proporcionando modelos más precisos y predicciones más confiables.

Ética de la IA en inversiones: El estudio de los principios morales que rigen el desarrollo y uso de la IA en el contexto de la inversión. Las cuestiones éticas clave incluyen el sesgo algorítmico, la transparencia de las decisiones de inversión y la responsabilidad por los resultados.

Evaluación de riesgos basada en IA: El uso de tecnología de IA para analizar datos financieros y de mercado para identificar y evaluar el riesgo asociado a las inversiones. La evaluación de riesgos basada en IA puede ayudar a los inversores a tomar decisiones de inversión más informadas y reducir la exposición al riesgo.

F

Finanzas descentralizadas (DeFi): Un ecosistema financiero basado en blockchain que permite a los usuarios acceder a una amplia gama de servicios financieros, como préstamos, préstamos y comercio, sin la necesidad de intermediarios financieros tradicionales. La IA se está utilizando para desarrollar aplicaciones DeFi más complejas y automatizadas.

Fondos cotizados en bolsa (ETF): Valores que rastrean un índice bursátil subyacente, una canasta de activos o una estrategia de inversión. La IA se utiliza para desarrollar y gestionar ETF inteligentes que utilizan algoritmos para seleccionar activos y optimizar la asignación de activos.

Función de pérdida: Una medida del rendimiento de un modelo de aprendizaje automático. La función de pérdida se utiliza para entrenar el modelo para que minimice el error en sus predicciones.

G

Gestión de carteras basada en IA: El uso de tecnología de IA para automatizar tareas de gestión de carteras, como la selección de activos, la reequilibración de carteras y la optimización de la asignación de activos. La gestión de carteras basada en IA puede ayudar a los inversores a ahorrar tiempo, reducir costos y mejorar el rendimiento de sus carteras.

Gobernanza de la IA: El conjunto de principios, procesos y estructuras que garantizan el desarrollo y uso responsable de la IA en inversiones. La gobernanza de la IA es crucial para mitigar los riesgos asociados a la IA y garantizar la confianza en los sistemas de inversión basados en IA.

H

Horizonte de inversión: El período de tiempo durante el cual un inversor planea mantener una inversión. La IA se puede utilizar para desarrollar estrategias de inversión personalizadas que se ajusten al horizonte de inversión de un inversor.

I

Inteligencia artificial general (AGI): Una hipotética forma de IA que posee capacidades cognitivas similares a las de los humanos. La AGI podría revolucionar el mundo de las inversiones, ya que los sistemas AGI podrían tomar decisiones de inversión creativas y estratégicas que van más allá de las capacidades de la IA actual.

Inversión de impacto: Una estrategia de inversión que se centra en generar un impacto social o ambiental positivo junto con rendimientos financieros. La IA se puede utilizar para identificar oportunidades de inversión de impacto y medir el impacto social y ambiental de las inversiones.

J

Aprendizaje automático supervisado: Un tipo de aprendizaje automático en el que los algoritmos se entrenan con datos etiquetados para aprender a mapear entradas a salidas deseadas. El aprendizaje automático supervisado se utiliza en aplicaciones de inversión como la clasificación de activos y la predicción de precios.

Aprendizaje automático no supervisado: Un tipo de aprendizaje automático en el que los algoritmos se entrenan con datos no etiquetados para descubrir patrones y estructuras ocultas en los datos. El aprendizaje automático no supervisado se utiliza en aplicaciones de inversión como la detección de anomalías y la segmentación de clientes.

K

Know Your Customer (KYC): Un proceso de verificación de identidad y evaluación de riesgos que los inversores deben completar antes de invertir. La IA se puede utilizar para automatizar el proceso KYC, haciéndolo más rápido y eficiente.

L

Libro mayor distribuido (DLT): Una base de datos digital descentralizada que registra transacciones en un libro mayor transparente e inmutable. La tecnología DLT se utiliza como base para las criptomonedas y otras aplicaciones descentralizadas.

M

Machine learning (Aprendizaje automático): Un campo de la IA que se centra en el desarrollo de algoritmos informáticos que pueden aprender de los datos y mejorar su rendimiento con el tiempo. El aprendizaje automático se utiliza en una amplia gama de aplicaciones de inversión, como el análisis de datos, la selección de activos y la ejecución de transacciones.

Modelo de aprendizaje automático: Un programa de computadora que se entrena con datos para aprender a realizar tareas específicas. Los modelos de aprendizaje automático se utilizan en aplicaciones de inversión para realizar análisis financieros, predecir precios y tomar decisiones de inversión.

N

Neurona artificial: Una unidad básica de procesamiento en una red neuronal artificial. Las neuronas artificiales están inspiradas en las neuronas del cerebro humano y se conectan entre sí para formar redes complejas que pueden aprender de los datos. Las redes neuronales artificiales se utilizan en aplicaciones de aprendizaje profundo para tareas como la clasificación de imágenes, el reconocimiento de voz y la predicción de series temporales.

Procesamiento del lenguaje natural (PNL): Un campo de la IA que se centra en la interacción entre computadoras y el lenguaje humano. El PNL se utiliza en aplicaciones de inversión para analizar noticias financieras, transcripciones de conferencias telefónicas de empresas y publicaciones en redes sociales para extraer información valiosa.

O

Optimización de carteras basada en IA: El uso de tecnología de IA para optimizar la asignación de activos en una cartera de inversión. La optimización de carteras basada en IA puede ayudar a los inversores a maximizar los rendimientos esperados y minimizar el riesgo de la cartera.

P

Plataforma de inversión basada en IA: Una plataforma digital que utiliza tecnología de IA para proporcionar a los inversores servicios automatizados de asesoramiento e inversión. Las plataformas de inversión basadas en IA pueden ofrecer una amplia gama de servicios, como selección de activos, reequilibrio de carteras y ejecución de transacciones.

Predicción de precios basada en IA: El uso de tecnología de IA para predecir los precios futuros de activos financieros. La predicción de precios basada en IA utiliza modelos de aprendizaje automático para analizar datos históricos y otros factores para generar pronósticos de precios.

Prueba de participación (PoS): Un mecanismo de consenso utilizado en algunas blockchains para validar transacciones y asegurar la red. En la Prueba de Participación, los validadores de transacciones son seleccionados en función de la cantidad de criptomonedas que poseen.

Prueba de trabajo (PoW): Un mecanismo de consenso utilizado en algunas blockchains para validar transacciones y asegurar la red. En la Prueba de Trabajo, los mineros compiten para resolver problemas computacionales complejos para validar transacciones y ganar recompensas.

R

Red neuronal artificial: Una red de neuronas artificiales interconectadas que imita la estructura y la función del cerebro humano. Las redes neuronales artificiales se utilizan en aplicaciones de aprendizaje profundo para tareas como la clasificación de imágenes, el reconocimiento de voz y la predicción de series temporales.

Retorno de la inversión (ROI): La ganancia o pérdida neta de una inversión expresada como un porcentaje del costo original de la inversión. La IA se puede utilizar para optimizar las carteras de inversión para maximizar el ROI y minimizar el riesgo.

Riesgo de inversión: La posibilidad de que una inversión pierda valor. La IA se puede utilizar para evaluar el riesgo de las inversiones y desarrollar estrategias para mitigar el riesgo.

S

Sesgo algorítmico: La tendencia de los algoritmos de aprendizaje automático a reflejar los sesgos presentes en los datos con los que se entrenan. El sesgo algorítmico puede tener un impacto negativo en la toma de decisiones de inversión y debe abordarse mediante prácticas de desarrollo justas y transparentes.

Smart contract: Un contrato autoejecutable almacenado en una blockchain que se ejecuta automáticamente cuando se cumplen las condiciones predefinidas. Los contratos inteligentes tienen el potencial de revolucionar la inversión al automatizar tareas como la ejecución de transacciones y la gestión de activos.

T

Token: Una unidad digital de valor que representa un activo o un derecho contractual en una plataforma blockchain. Los tokens se pueden utilizar para representar una variedad de activos, como acciones, bonos, y activos digitales únicos.

Tokenización: El proceso de convertir un activo físico o digital en un token digital en una blockchain. La tokenización puede facilitar la inversión en activos que tradicionalmente son difíciles de invertir, como bienes raíces y obras de arte.

U

Usuario acreditado: Un inversor que cumple con ciertos criterios financieros establecidos por las autoridades reguladoras. Los inversores acreditados tienen acceso a un mayor rango de oportunidades de inversión, incluidas las inversiones en empresas privadas y fondos de capital riesgo.

V

Ventaja competitiva: Una ventaja que una empresa o inversor tiene sobre sus competidores. La IA se puede utilizar para obtener una ventaja competitiva en el mercado, identificando oportunidades de inversión ocultas y tomando decisiones de inversión más informadas.

X

XAI (Explicación de la IA): Un campo de estudio que se centra en hacer que los modelos de IA sean más transparentes y explicables. XAI es crucial para generar confianza en los sistemas de inversión basados en IA y garantizar que los Inversores conozcan los riesgos y beneficios de las decisiones de inversión tomadas por la IA.

Y

Yield farming: La práctica de depositar criptomonedas o tokens en protocolos DeFi para ganar recompensas. El yield farming puede generar altos rendimientos potenciales, pero también implica un alto grado de riesgo.

Z

Zero-knowledge proof (ZK-proof): Una técnica criptográfica que permite a un probador demostrar a un verificador que posee cierta información sin revelar la información en sí. Las ZK-proofs tienen el potencial de mejorar la privacidad y la escalabilidad de las aplicaciones basadas en blockchain.

Términos adicionales:

Alpha: Rendimiento de una inversión por encima del rendimiento del mercado. La IA se puede utilizar para identificar oportunidades alfa y generar rendimientos superiores al mercado.

Beta: Una medida del riesgo sistemático de una inversión. La IA se puede utilizar para analizar la beta de una inversión y construir carteras diversificadas para mitigar el riesgo.

Big data: Un conjunto de datos extremadamente grande y complejo que es difícil de procesar con métodos tradicionales. La IA se utiliza para analizar big data en el contexto de la inversión, extrayendo información valiosa que puede utilizarse para tomar decisiones de inversión más informadas.

Ciberseguridad: La protección de los sistemas informáticos y las redes de ataques cibernéticos. La ciberseguridad es una preocupación importante para las inversiones basadas en IA, ya los sistemas de inversión pueden ser vulnerables a ataques maliciosos.

Diversificación: La práctica de invertir en una variedad de activos para reducir el riesgo. La IA se puede utilizar para crear carteras diversificadas que optimicen el rendimiento esperado y minimicen el riesgo de la cartera.

Inversión a largo plazo: Una estrategia de inversión que se centra en mantener inversiones durante períodos prolongados. La IA se puede utilizar para desarrollar estrategias de inversión a largo plazo que se ajusten a los objetivos financieros de un inversor.

Inversión pasiva: Una estrategia de inversión que implica seguir un índice bursátil o un fondo cotizado en bolsa (ETF) en lugar de intentar superar al mercado. La IA se puede utilizar para construir carteras de inversión pasivas que ofrecen una exposición diversificada al mercado.

Gestión activa: Una estrategia de inversión que implica la selección activa de activos en un intento de superar al mercado. La IA se puede utilizar para mejorar la gestión activa mediante el análisis de datos no tradicionales y la identificación de oportunidades de inversión ocultas.

Tecnología financiera (FinTech): La aplicación de la tecnología para proporcionar servicios financieros. La IA es una tecnología clave que impulsa la innovación en FinTech, permitiendo el desarrollo de nuevos productos y servicios de inversión.

Volatilidad: La medida de la fluctuación del precio de un activo. La IA se puede utilizar para analizar la volatilidad de los activos y desarrollar estrategias de inversión para mitigar el riesgo de la volatilidad.

Conclusión:

Este glosario completo te ha proporcionado una base sólida para comprender los términos clave relacionados con la inversión y la IA. A medida que el panorama de la inversión continúa evolucionando, es fundamental mantenerse actualizado sobre los últimos avances y la terminología emergente. Al ampliar tu conocimiento, podrás tomar decisiones de inversión más informadas y aprovechar las oportunidades que ofrece la IA en el mundo financiero.

CAPÍTULO 19:

Recursos para el Inversor Inteligente:
Navegando un Panorama Complejo

En el mundo dinámico de la inversión, la inteligencia artificial (IA) está revolucionando el panorama, introduciendo nuevas herramientas, estrategias y complejidades que requieren un enfoque inteligente y bien equipado por parte de los inversores. Este capítulo te presenta una guía completa de recursos esenciales para el inversor inteligente que busca navegar este entorno con éxito.

"I.A. La brujula para navegar el futuro", un libro que escribi y tienes que leer. Puedes concontrarlo en Amazon

Recursos para la Educación en Inversión y IA:

Libros:

"**I.A. La brujula para navegar el futuro**" por Jorge Oviedo: Este libro te ofrece una guía completa y actualizada para comprender la IA, sus aplicaciones revolucionarias y su impacto profundo en la sociedad.

"**La Inteligencia Artificial y el Futuro de las Finanzas**" por Marco Avellaneda y Pedro Mencía: Este libro ofrece una visión profunda del impacto de la IA en los mercados financieros, explorando sus aplicaciones en análisis de datos, selección de activos, gestión de riesgos y el futuro de la inversión.

"**Inversión Inteligente en la Era de la IA**" por Robert J. Shiller: Este libro galardonado con el Premio Nobel examina cómo la IA está transformando la forma en que se toman las decisiones de inversión, y ofrece estrategias para aprovechar las oportunidades y mitigar los riesgos asociados a esta tecnología.

"**El Inversor Inteligente**" por Benjamin Graham: Un clásico atemporal que brinda principios de inversión sólidos y atemporales que son esenciales para el éxito en cualquier entorno, incluyendo el impulsado por la IA.

Cursos en línea:

"**Introducción a la Inversión Inteligente con IA**" por Coursera: Este curso ofrece una introducción a los conceptos básicos de la inversión y la IA, y cómo se pueden utilizar juntos para tomar decisiones de inversión más informadas.

"**Análisis de Datos e Inversión con IA**" por edX: Este curso profundiza en el uso de análisis de datos y IA para identificar oportunidades de inversión y tomar decisiones de inversión estratégicas.

"**Inteligencia Artificial para Finanzas**" por MIT OpenCourseWare: Este curso gratuito del MIT ofrece una visión general de las aplicaciones de la IA en el ámbito financiero, incluyendo la inversión, la gestión de riesgos y el desarrollo de productos financieros.

Podcasts:

"**Invest Like a Boss**" por Michael Batnick: Este podcast explora estrategias de inversión inteligentes y analiza cómo la IA está cambiando el panorama de la inversión.

"**The AI Investor**" por AI Squared: Este podcast se centra en las últimas aplicaciones de la IA en el mundo de la inversión, con entrevistas a expertos y líderes de la industria.

"**FinTech Podcast**" por Chris Skinner: Este podcast analiza las tendencias emergentes en tecnología financiera, incluyendo la IA y su impacto en la inversión.

2. Recursos para Análisis de Inversión y Herramientas Basadas en IA:

Plataformas de Inversión Basadas en IA:

Betterment: Esta plataforma utiliza tecnología de IA para automatizar la gestión de carteras, la selección de activos y la reequilibración de carteras, ofreciendo soluciones de inversión personalizadas para cada inversor.

Wealthfront: Similar a Betterment, Wealthfront utiliza IA para automatizar la gestión de carteras y ofrece servicios de planificación financiera personalizados.

M1 Finance: Esta plataforma permite a los inversores crear carteras personalizadas utilizando "tartas" de activos predefinidos o personalizados, y utiliza IA para optimizar la asignación de activos y la ejecución de transacciones.

Herramientas de Análisis de Datos de Inversión:

Quandl: Esta plataforma ofrece una amplia gama de conjuntos de datos financieros y económicos que se pueden utilizar para realizar análisis de inversión con IA.

Alpha Vantage: Otra plataforma con una amplia gama de conjuntos de datos financieros y de mercado, que permite a los inversores acceder a datos históricos y en tiempo real para análisis y backtesting.

Intrinio: Esta plataforma proporciona acceso a datos financieros y de mercado de alta calidad, junto con herramientas de análisis y visualización para ayudar a los inversores a identificar oportunidades de inversión.

Herramientas de Análisis de Sentimientos Basadas en IA:

Synthesio: Esta plataforma utiliza IA para analizar el sentimiento de las redes sociales, noticias y otras fuentes de datos no estructurados para identificar tendencias de mercado y oportunidades de inversión.

Lexalytics: Otra plataforma de análisis de sentimientos que utiliza IA para extraer información valiosa de grandes volúmenes de datos de texto, ayudando a los inversores a tomar decisiones de inversión informadas.

MarketPsych: Esta plataforma utiliza IA para analizar el sentimiento del mercado y las emociones de los inversores para identificar posibles cambios de tendencia y oportunidades de inversión contrarias.

3. Recursos para la Inversión Responsable y Ética en IA:

Los Principios de Montreal para la Inteligencia Artificial Responsable en las Finanzas: Este marco conjunto desarrollado por expertos financieros y de IA establece principios éticos para el uso de la IA en los mercados financieros. Estos principios abordan cuestiones como la transparencia, la responsabilidad, la equidad y la sostenibilidad.

Organizaciones sin fines de lucro y grupos de defensa:

Partnership on AI: Esta organización sin fines de lucro reúne a empresas, gobiernos y organizaciones de la sociedad civil para desarrollar la IA de manera responsable. La Partnership on AI publica recursos e informes sobre la IA en las finanzas, incluyendo consideraciones éticas.

AI Now Institute: Este instituto de investigación se centra en el impacto social de la IA y promueve el uso equitativo y justo de la IA en todos los sectores, incluida la inversión.

Algorithmic Justice League: Esta organización sin fines de lucro trabaja para promover la justicia algorítmica y aboga por el uso responsable de la IA en la toma de decisiones automatizada.

4. Recursos para Mantenerse Actualizado sobre las Últimas Tendencias en Inversión y IA:

Publicaciones financieras y tecnológicas:

The Wall Street Journal - Tech Sector: Esta sección del Wall Street Journal cubre las últimas noticias y tendencias en tecnología, incluyendo las aplicaciones de la IA en el ámbito financiero.

Financial Times - AI in Business: El Financial Times ofrece artículos e informes sobre el uso de la IA en las empresas, incluyendo la inversión y las finanzas.

MIT Technology Review: Esta publicación explora las últimas innovaciones en tecnología, incluyendo la IA y su impacto en diversos sectores, como el financiero.

Conferencias y eventos sobre IA y FinTech:

AI for Finance Forum: Este foro anual reúne a líderes de la industria financiera y de la IA para discutir las últimas tendencias y aplicaciones de la IA en el sector financiero.

FinTech Innovation Summit: Esta cumbre reúne a innovadores y expertos en tecnología financiera para explorar cómo las nuevas tecnologías, incluida la IA, están transformando el mundo de las finanzas.

Machine Learning for Trading Conference: Esta conferencia se centra en las aplicaciones del aprendizaje automático en el comercio financiero y la inversión.

Blogs y sitios web de expertos en IA y FinTech:

Lex Fridman Podcast: Este podcast presenta entrevistas con expertos líderes en IA, que a menudo discuten las implicaciones de la IA en las finanzas y la economía.

Machine Learning Mastery: Este blog ofrece tutoriales y artículos sobre el aprendizaje automático, que pueden ser útiles para los inversores que desean comprender cómo se utiliza la IA en las finanzas.

The FinTech Times: Este sitio web de noticias cubre las últimas tendencias e innovaciones en el ámbito de la tecnología financiera, incluyendo la aplicación de la IA en la inversión.

5. Recursos para la Gestión del Riesgo de Inversión con IA:

Informes y análisis de expertos:

Garrison Institute - AI Risk Management Reports: El Instituto Garrison publica informes y análisis sobre los riesgos asociados a la IA, incluyendo el riesgo en las inversiones basadas en IA.

PwC - AI Risk Management Framework: PwC ofrece un marco integral para la gestión de riesgos de la IA, que puede ser adaptado por las empresas de inversión para mitigar los riesgos asociados a la IA.

World Economic Forum - The Global Risks Report: Este informe anual identifica los principales riesgos globales, incluida la IA, y analiza sus implicaciones para las empresas y los inversores.

Herramientas de evaluación de riesgos de inversión con IA:

Kensho: Esta plataforma utiliza IA para analizar grandes volúmenes de datos financieros y de mercado para identificar riesgos potenciales en las inversiones.

Osom Finance: Esta plataforma utiliza IA para evaluar el riesgo de las inversiones en activos alternativos, como bienes raíces y capital privado.

Riskalyze: Esta plataforma proporciona herramientas de análisis de riesgos para inversores y asesores financieros, incluyendo la capacidad de evaluar el riesgo de las inversiones basadas en IA.

6. Recursos para la Contratación de Asesores Financieros con Experiencia en IA:

Directorios de asesores financieros:

The National Association of Securities Dealers (NASD): La NASD ofrece un directorio de búsqueda de asesores financieros registrados, que permite a los inversores buscar asesores con experiencia en IA.

The Garrett Planning Network: Esta red de asesores financieros se centra en la planificación financiera integral y ofrece un directorio de búsqueda para encontrar asesores con conocimientos de IA.

The Chartered Financial Analyst (CFA) Institute: El CFA Institute ofrece un programa de certificación para analistas financieros, y un creciente número de poseedores de la designación CFA están incorporando conocimientos de IA en su práctica.

Recursos de formación para asesores financieros:

CFA Institute - AI for Investment Professionals: El CFA Institute ofrece cursos y recursos de formación para ayudar a los asesores financieros a comprender la IA y su aplicación en la inversión.

The Global Investment Performance Standards (GIPS): Los GIPS proporcionan estándares para la presentación de resultados de inversión, lo cual es importante a la hora de evaluar el desempeño de un asesor financiero que utiliza IA.

7. Consejos para Elegir un Asesor Financiero con Experiencia en IA:

Experiencia y conocimientos: Busca un asesor financiero con experiencia en inversión y que demuestre un profundo conocimiento de las aplicaciones de la IA en este campo. Pide referencias y verifica su formación y credenciales.

Filosofía de inversión: Asegúrate de que la filosofía de inversión del asesor se alinee con tus propios objetivos financieros y tolerancia al riesgo. Pregunta cómo utilizan la IA para respaldar sus decisiones de inversión y qué estrategias de mitigación de riesgos emplean.

Transparencia y comunicación: Elige un asesor que sea transparente sobre sus honorarios, comisiones y cualquier posible conflicto de intereses. Debe comunicarse de manera clara y explicarte cómo utilizan la IA en el proceso de inversión.

Comodidad y confianza: Confía en tu intuición. Es importante sentirse cómodo con el asesor financiero que elijas y tener confianza en su capacidad para gestionar tu cartera de inversión utilizando la IA de manera responsable y efectiva.

Conclusión:

Navegar por el mundo de la inversión impulsado por la IA puede ser emocionante y desafiante a la vez. Al aprovechar los recursos disponibles, desde la educación hasta las herramientas de análisis y los expertos financieros capacitados, puedes equiparte con el conocimiento y las estrategias necesarias para tomar decisiones de inversión informadas y maximizar tú potencial de éxito. No olvides que la inversión siempre implica riesgo, y la IA no es una solución mágica. Mantente actualizado, diversifica tu cartera y ten una estrategia a largo plazo para lograr tus objetivos financieros a largo plazo.

Nota final:

Este capítulo te ha proporcionado una guía completa, pero no exhaustiva, de los recursos disponibles para el inversor inteligente en la era de la IA. A medida que la tecnología evoluciona y el panorama de la inversión continúa cambiando, es fundamental mantenerse informado y buscar constantemente nuevos recursos y herramientas que te ayuden a tomar decisiones de inversión sólidas. Recuerda, el conocimiento es poder, y al invertir en tu propio conocimiento financiero, estás dando un paso crucial hacia el éxito en el dinámico mundo de las inversiones.

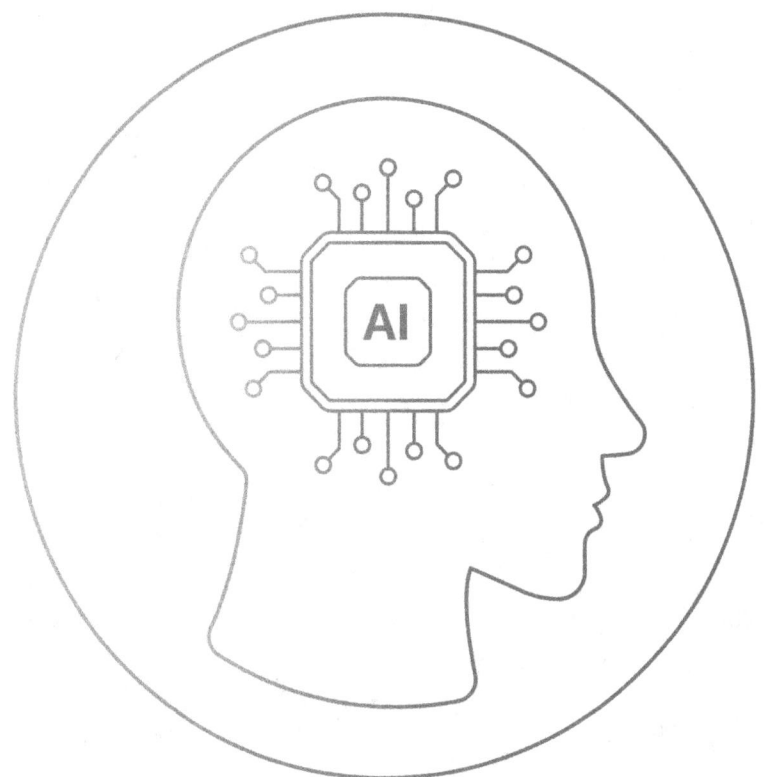

CAPÍTULO 20:

Construyendo tu Comunidad de Inversión:
Un Enfoque Estratégico para el Éxito Colectivo

En el dinámico mundo de la inversión, el acceso a información, apoyo y colaboración puede marcar la diferencia entre el éxito y el fracaso. Construir una comunidad de inversión sólida te brinda la oportunidad de conectarte con individuos de ideas afines, compartir conocimientos, aprender de las experiencias de otros y amplificar tu potencial de crecimiento. Este capítulo te guía a través de un enfoque estratégico para construir una comunidad de inversión próspera y aprovechar sus beneficios para alcanzar tus objetivos financieros.

1. Identificando tu Propósito y Valores:

Antes de embarcarte en la construcción de una comunidad de inversión, es esencial definir claramente tu propósito y valores. ¿Qué objetivos deseas lograr con esta comunidad? ¿Qué tipo de ambiente deseas crear? ¿Qué valores fundamentales guiarán las interacciones y el comportamiento de los miembros?

Propósito: Define el objetivo principal de tu comunidad de inversión. ¿Deseas enfocarte en la discusión de estrategias de inversión, compartir análisis de mercado, o brindar apoyo emocional y motivación a los miembros? Un propósito claro atraerá a individuos con intereses y objetivos alineados.

Valores: Establece los valores fundamentales que guiarán la cultura de tu comunidad. ¿Valoras la transparencia, el respeto, la diversidad de ideas o la colaboración? Definir tus valores creará un ambiente inclusivo y atractivo para los miembros que comparten estos principios.

2. Seleccionando la Plataforma Adecuada:

Elegir la plataforma adecuada para tu comunidad de inversión es crucial para facilitar la comunicación, el intercambio de información y la construcción de relaciones. Considera las siguientes opciones:

Foros en línea: Plataformas como Reddit, Investment Forums o Bogleheads ofrecen espacios dedicados a la discusión de temas de inversión. Puedes crear un subforo o grupo específico para tu comunidad dentro de estas plataformas existentes.

Grupos de redes sociales: Facebook, LinkedIn o Twitter pueden ser plataformas efectivas para crear grupos privados o públicos para tu comunidad de inversión. Aprovecha las funciones de mensajería y chat para fomentar la interacción entre los miembros.

Plataformas de mensajería instantánea: Herramientas como Discord o Slack ofrecen canales de chat en tiempo real, salas de voz y funciones para compartir archivos, ideal para una comunicación fluida y colaboración en tiempo real.

Aplicaciones móviles: Existen aplicaciones como Amino o Meetup diseñadas específicamente para la creación y gestión de comunidades. Estas aplicaciones pueden ofrecer funciones adicionales como encuestas, chats privados y eventos virtuales.

3. Estableciendo Reglas y Directrices Claras:

Para mantener un ambiente positivo y productivo, es importante establecer reglas y directrices claras para los miembros de tu comunidad de inversión. Estas reglas deben abordar aspectos como:

Respeto mutuo: Fomenta un ambiente de respeto mutuo donde las opiniones diversas se valoran y se debaten de manera constructiva. Evita el lenguaje ofensivo o discriminatorio.

Comportamiento ético: Prohíbe cualquier actividad ilegal, fraudulenta o que pueda comprometer la integridad de la comunidad. Establece lineamientos claros sobre la divulgación de información financiera y la prevención de conflictos de intereses.

Compartir información: Define qué tipo de información se considera valiosa y relevante para la comunidad. Regula la publicación de contenido promocional o engañoso.

Moderación y resolución de conflictos: Establece un proceso claro para la moderación de contenido, la resolución de conflictos y la eliminación de miembros que no cumplan con las reglas.

4. Creando Contenido Valioso y Atractivo:

Para mantener a tu comunidad de inversión comprometida y activa, es esencial proporcionar contenido valioso y atractivo. Esto puede incluir:

Análisis de mercado: Comparte análisis de mercado, noticias financieras y perspectivas sobre diferentes sectores o activos de inversión.

Estrategias de inversión: Presenta estrategias de inversión probadas, estudios de casos y ejemplos de cómo aplicar principios de inversión exitosos.

Experiencias y lecciones aprendidas: Comparte tus propias experiencias como inversor, tanto los éxitos como los fracasos, para que otros puedan aprender de ellas.

Entrevistas y debates con expertos: Invita a expertos en finanzas, inversiones o análisis de mercado para compartir sus conocimientos y responder preguntas de la comunidad.

Recursos educativos: Comparte enlaces a artículos, libros, videos o cursos que puedan ser útiles para los miembros de la comunidad que buscan aprender más sobre inversión.

5. Fomentando la Interacción y la Colaboración:

Una comunidad de inversión vibrante se caracteriza por la interacción y la colaboración entre sus miembros. Crea oportunidades para que los miembros se conecten entre sí y compartan ideas:

Foros de discusión: Crea foros o canales de discusión específicos para diferentes temas de inversión, permitiendo a los miembros compartir sus opiniones y experiencias.

Eventos virtuales y presenciales: Organiza eventos virtuales o presenciales (si es posible) como sesiones informativas, talleres o conferencias para fomentar la interacción cara a cara y el networking entre los miembros.

Grupos de trabajo e iniciativas colaborativas: Crea grupos de trabajo o proyectos colaborativos en los que los miembros puedan trabajar juntos en el análisis de inversiones, la investigación de mercado o la creación de recursos para la comunidad.

Encuestas y sondeos: Utiliza encuestas y sondeos para conocer las necesidades e intereses de los miembros de tu comunidad. Esto te ayudará a adaptar el contenido y las actividades de la comunidad a sus preferencias.

Reconocimiento y recompensas: Reconoce y recompensa las contribuciones valiosas de los miembros de la comunidad. Esto incentiva la participación activa y la generación de contenido de calidad.

6. Creando una Identidad de Marca Coherente:

Desarrollar una identidad de marca coherente para tu comunidad de inversión la hará más reconocible y memorable. Esto incluye:

Nombre y logotipo: Elige un nombre y un logotipo que sean llamativos, representen el propósito de tu comunidad y sean fáciles de recordar.

Diseño y estilo: Crea un diseño y estilo visual coherentes para tu plataforma comunitaria, ya sea un foro en línea o un grupo de redes sociales.

Tono de voz: Define el tono de voz que utilizarás en tu comunicación con los miembros de la comunidad. ¿Será formal e informativo, o informal y conversacional?

Mensaje clave: Desarrolla un mensaje clave que resuma el valor y los beneficios que tu comunidad ofrece a los inversores.

7. Promoviendo tu Comunidad y Atraer Nuevos Miembros:

Para que tu comunidad de inversión prospere, necesitas atraer a nuevos miembros con intereses y objetivos financieros afines. Existen diversas estrategias para promover tu comunidad:

Redes sociales: Utiliza las redes sociales para promocionar tu comunidad. Publica contenido atractivo relacionado con la inversión y utiliza hashtags relevantes para atraer a potenciales miembros.

Sitios web de finanzas e inversión: Publica artículos o anuncios en sitios web de finanzas e inversión para llegar a una audiencia interesada.

Colaboraciones: Colabora con otros influencers o comunidades de inversión para realizar eventos o promociones conjuntas.

Contenido orgánico de calidad: Crea contenido orgánico de alta calidad que se pueda compartir fácilmente en redes sociales y foros. Esto ayudará a atraer a nuevos miembros de manera natural.

8. Monetización Sostenible de tu Comunidad (Opcional):

Si bien el objetivo principal de una comunidad de inversión es el beneficio mutuo de sus miembros, existen formas de monetizarla de manera sostenible para cubrir los costos operativos y potencialmente generar ingresos. Algunos métodos potenciales incluyen:

Membresías premium: Ofrecer membresías premium con acceso a contenido exclusivo, herramientas de inversión o análisis de mercado premium.

Publicidad dirigida: Colaborar con empresas relacionadas con la inversión para publicar publicidad dirigida a los miembros de la comunidad. Asegúrate de que la publicidad sea relevante y no interrumpa la experiencia del usuario.

Eventos pagos: Organizar eventos pagos como conferencias o talleres con expertos financieros.

Venta de productos o servicios: Si tienes conocimientos o experiencia valiosa, puedes vender productos educativos, cursos o servicios de consultoría a los miembros de la comunidad.

Implementa estas estrategias de manera cuidadosa y siempre priorizando el valor que ofreces a la comunidad. Evita prácticas intrusivas o que comprometan la integridad de la comunidad.

9. Moderación y Gestión de la Comunidad a Largo Plazo:

Construir y mantener una comunidad de inversión próspera requiere un esfuerzo continuo de moderación y gestión. Esto implica:

Moderación activa: Supervisa las discusiones en la comunidad para garantizar que se cumplan las reglas y directrices establecidas. Elimina el contenido inapropiado y responde a las preguntas de los miembros.

Gestión de conflictos: Aborda los conflictos entre miembros de manera justa y oportuna. Asegúrate de que la comunidad sea un espacio seguro y respetuoso para todos.

Análisis y adaptación: Analiza periódicamente la participación de los miembros y la actividad de la comunidad.Adapta el contenido, las actividades y las estrategias de promoción en función de las necesidades cambiantes de la comunidad.

Liderazgo y motivación: Proporciona liderazgo continuo y motiva a los miembros a participar activamente en la comunidad. Celebra los éxitos de la comunidad y reconoce las contribuciones de los miembros.

10. Beneficios de una Comunidad de Inversión Sólida:

Participar en una comunidad de inversión sólida ofrece una variedad de beneficios que pueden ayudarte a alcanzar tus objetivos financieros:

Acceso a información y conocimientos valiosos: Aprende de las experiencias y perspectivas de otros inversores experimentados en la comunidad. Obtén acceso a análisis de mercado, estrategias de inversión y recursos educativos compartidos por los miembros.

Reducción del riesgo y toma de decisiones informadas: Al discutir ideas y estrategias con otros inversores, puedes reducir el riesgo de cometer errores de inversión basados en sesgos emocionales o falta de información. La comunidad te brinda la oportunidad de obtener diferentes puntos de vista y tomar decisiones de inversión más informadas.

Soporte y motivación: La comunidad de inversión te proporciona un entorno de apoyo y motivación. Puedes compartir tus dudas y preocupaciones con otros inversores y recibir consejos y aliento para seguir adelante con tus objetivos financieros.

Oportunidades de networking: Conoce a otros inversores con intereses y objetivos financieros similares. Construye relaciones profesionales que pueden conducir a oportunidades de inversión colaborativa o el intercambio de ideas valiosas.

Mejora de las habilidades de inversión: A través de la interacción con otros inversores, puedes mejorar tus habilidades de análisis de mercado, selección de activos y gestión de carteras. La comunidad te brinda un entorno para aprender de los demás y poner a prueba tus propias estrategias de inversión.

Acceso a expertos: Las comunidades de inversión a veces invitan a expertos financieros o analistas de mercado a compartir sus conocimientos y responder preguntas de los miembros. Esto te brinda la oportunidad de aprender de profesionales experimentados y obtener información valiosa de primera mano.

Diversión y satisfacción: Invertir puede ser una actividad solitaria. Una comunidad de inversión te permite conectarte con personas afines a tus intereses, compartir tu pasión por la inversión y disfrutar del proceso de aprendizaje y crecimiento financiero.

11. Ejemplos de Comunidades de Inversión Exitosas:

Para inspirarte, aquí te presentamos algunos ejemplos de comunidades de inversión exitosas:

WallStreetBets (Reddit): Un foro en línea conocido por su enfoque orientado a las opciones y su cultura de alto riesgo.

Bogleheads (Bogleheads.org): Una comunidad centrada en la inversión a largo plazo y la filosofía de inversión de indexación.

Investing.com: Una plataforma financiera que ofrece foros de discusión para diversos temas de inversión.

The Motley Fool: Un sitio web financiero con foros de discusión activos para acciones individuales y estrategias de inversión.

Seeking Alpha: Una plataforma de inversión colaborativa que permite a los inversores compartir análisis de investigación y opiniones sobre acciones.

Recuerda: No todas las comunidades de inversión son iguales. Encuentra una comunidad que se ajuste a tus objetivos financieros, estilo de inversión y tolerancia al riesgo.

Conclusión

Una comunidad de inversión sólida puede ser un recurso invaluable en tu camino hacia el éxito financiero. Al definir tu propósito, seleccionar la plataforma adecuada, crear contenido valioso y fomentar la interacción, puedes construir una comunidad próspera que te brinde las herramientas, el apoyo y la motivación que necesitas para alcanzar tus metas.Participa activamente, aprende de los demás y contribuye al crecimiento de la comunidad para crear un entorno beneficioso para todos los miembros. Recuerda, el éxito en la inversión se basa en el conocimiento, la colaboración y la toma de decisiones informadas. ¡Construye tu comunidad de inversión y comienza tu viaje hacia la libertad financiera!

Capítulo 21:

Inversión con IA a Largo Plazo (Value Investing con IA):
Navegando el Panorama de Largo Plazo con Inteligencia Artificial

En el dinámico mundo de la inversión, la inteligencia artificial (IA) está revolucionando el panorama, introduciendo nuevas herramientas, estrategias y complejidades que requieren un enfoque inteligente y bien equipado por parte de los inversores. En este capítulo, nos sumergimos en el fascinante mundo de la inversión a largo plazo con IA, explorando cómo esta tecnología puede potenciar la estrategia clásica de Value Investing para lograr resultados superiores a largo plazo.

1. Comprensión Esencial de la Inversión en Valor (Value Investing):

La inversión en valor, también conocida como "Value Investing", es una filosofía de inversión que busca comprar activos infravalorados por el mercado y mantenerlos a largo plazo hasta que alcancen su verdadero valor. Esta estrategia se basa en el principio de que, a largo plazo, el precio de un activo finalmente reflejará su valor intrínseco.

2. Principios Fundamentales de la Inversión en Valor con IA:

La IA aporta nuevas dimensiones a la inversión en valor, permitiendo a los inversores analizar y evaluar activos de manera más eficiente y precisa. Los principios fundamentales de la inversión en valor con IA incluyen:

Análisis fundamental profundo: La IA puede procesar grandes cantidades de datos financieros y no financieros para identificar empresas infravaloradas, teniendo en cuenta factores como la rentabilidad, el flujo de caja, la deuda, la calidad de la gestión y las perspectivas de crecimiento.

Identificación de oportunidades ocultas: La IA puede detectar patrones y tendencias que podrían pasar inadvertidos para el análisis humano, revelando oportunidades de inversión infravaloradas en sectores o nichos de mercado específicos.

Evaluación precisa del valor intrínseco: La IA puede construir modelos complejos que consideren múltiples variables para estimar el valor intrínseco de una empresa, mejorando la precisión de la selección de activos.

Gestión de carteras optimizada: La IA puede optimizar la asignación de activos y la reequilibración de carteras en función de las condiciones del mercado y las características de riesgo de los activos.

3. Estrategias de Inversión en Valor con IA:

Los inversores pueden emplear diversas estrategias de inversión en valor con IA, como:

Búsqueda de valor impulsada por IA: Utilizar algoritmos de IA para identificar empresas infravaloradas en función de criterios específicos, como la relación precio-beneficio, la relación precio-libro o la rentabilidad sobre la inversión.

Inversión en factores con IA: Aplicar modelos de IA para identificar empresas que exhiben factores de inversión conocidos, como la calidad, el valor o el crecimiento, que han demostrado un rendimiento superior a largo plazo.

Inversión en microcapitalización con IA: Utilizar IA para analizar empresas de pequeña capitalización, que a menudo son menos seguidas por los analistas humanos y pueden ofrecer mayores oportunidades de valor.

4. Herramientas y Tecnologías de IA para la Inversión en Valor:

Los inversores cuentan con una amplia gama de herramientas y tecnologías de IA para la inversión en valor, incluyendo:

Plataformas de análisis de datos financieros: Estas plataformas proporcionan acceso a grandes conjuntos de datos financieros y herramientas de análisis para evaluar la salud financiera de las empresas.

Algoritmos de aprendizaje automático: Estos algoritmos pueden identificar patrones y tendencias en datos financieros, ayudando a los inversores a descubrir oportunidades de valor ocultas.

Modelos de inteligencia artificial: Estos modelos pueden construir escenarios hipotéticos y evaluar el potencial de crecimiento a largo plazo de las empresas.

Chatbots de inversión: Estos chatbots pueden proporcionar información sobre empresas y mercados, y ayudar a los inversores a tomar decisiones de inversión informadas.

5. Beneficios de la Inversión en Valor con IA:

La inversión en valor con IA ofrece una serie de beneficios potenciales, como:

Mayor eficiencia y precisión: La IA puede automatizar tareas repetitivas y analizar grandes cantidades de datos de manera más rápida y precisa que los humanos, mejorando la eficiencia del proceso de inversión.

Reducción del sesgo emocional: La IA puede ayudar a los inversores a tomar decisiones de inversión racionales y libres de sesgos emocionales, que a menudo pueden conducir a errores costosos.

Acceso a nuevas oportunidades: La IA puede identificar oportunidades de inversión infravaloradas que podrían pasar desapercibidas para los inversores humanos, ampliando el universo de inversión.

Mejora del rendimiento a largo plazo: Al combinar el análisis fundamental sólido con la potencia de la IA, los inversores pueden potencialmente lograr un rendimiento superior a largo plazo.

6. Riesgos y Desafíos de la Inversión en Valor con IA:

Si bien la inversión en valor con IA ofrece beneficios prometedores, también conlleva ciertos riesgos y desafíos que los inversores deben tener en cuenta:

Dependencia excesiva de la tecnología: Confiar demasiado en los algoritmos de IA para tomar decisiones de inversión puede llevar a una pérdida de juicio crítico y una falta de comprensión de los fundamentos subyacentes de las empresas.

Datos deficientes o sesgados: La precisión de los modelos de IA depende de la calidad de los datos utilizados para entrenarlos. Datos deficientes o sesgados pueden conducir a resultados engañosos y decisiones de inversión equivocadas.

Interpretabilidad y transparencia: A veces, los modelos de IA pueden ser opacos y difíciles de interpretar, lo que dificulta a los inversores comprender cómo llegaron a una determinada recomendación.

Costos de implementación: Las herramientas y tecnologías avanzadas de IA pueden ser costosas, lo que representa una barrera para algunos inversores minoristas.

Riesgo de errores de IA: La IA no es perfecta y puede cometer errores. Es crucial que los inversores supervisen de cerca el rendimiento de los modelos de IA y estén preparados para intervenir en caso de que surjan problemas.

7. Mejores Prácticas para la Inversión en Valor con IA:

Para aprovechar los beneficios de la inversión en valor con IA y mitigar los riesgos, los inversores deben seguir estas mejores prácticas:

Comprender los fundamentos del Value Investing: No confíes únicamente en la IA. Construye una base sólida en los principios del Value Investing para interpretar las recomendaciones de la IA de manera crítica.

Selecciona las herramientas de IA adecuadas: Elige herramientas de IA que se adapten a tu estrategia de inversión y estilo de riesgo. Asegúrate de que las herramientas estén respaldadas por proveedores de confianza y tengan un buen historial.

Interpreta los resultados de la IA con cautela: No confíes ciegamente en las salidas de la IA. Analiza los datos subyacentes y comprende la lógica detrás de las recomendaciones antes de tomar decisiones de inversión.

Diversifica tu cartera: No inviertas únicamente en activos seleccionados por IA. Diversifica tu cartera para mitigar el riesgo y no dependas únicamente de la tecnología para el éxito de tu inversión.

Supervisa y adapta tu estrategia: La IA es una herramienta poderosa, pero no es una solución mágica. Supervisa el rendimiento de tu cartera y adapta tu estrategia de inversión en función de las condiciones del mercado y el desempeño de la IA.

8. Ejemplos de Inversión en Valor con IA:

Varias empresas e inversores están utilizando la IA para mejorar sus estrategias de inversión en valor. Algunos ejemplos incluyen:

Valuer.ai: Esta empresa utiliza IA para analizar grandes conjuntos de datos financieros y fundamentar las decisiones de inversión en valor a largo plazo.

AQR Capital Management: Esta firma de inversión utiliza IA para identificar patrones en los datos financieros y construir modelos de inversión cuantitativos basados en el valor.

Warren Buffett y su uso de la tecnología: Si bien no se basa únicamente en IA, el famoso inversionista valor, Warren Buffett, ha reconocido la utilidad de la tecnología para el análisis de datos y la identificación de oportunidades de inversión.

9. El Futuro de la Inversión en Valor con IA:

La inversión en valor con IA se encuentra en una etapa temprana de desarrollo, pero tiene el potencial de transformar radicalmente el panorama de la inversión a largo plazo. A medida que la tecnología evolucione y se vuelva más accesible, podemos esperar ver:

Modelos de IA más sofisticados: La capacidad de los modelos de IA para analizar datos y comprender las complejidades del mercado seguirá mejorando, ofreciendo a los inversores una visión más profunda de las oportunidades de valor.

IA explicable (XAI): Se desarrollará tecnología XAI para permitir a los inversores comprender cómo los modelos de IA toman decisiones, aumentando la transparencia y la confianza en la tecnología.

Democratización de la inversión en valor: Las herramientas de IA se volverán más asequibles y fáciles de usar, permitiendo a una gama más amplia de inversores aplicar estrategias de inversión en valor sofisticadas.

Integración con otras estrategias: La IA se integrará con otras estrategias de inversión, creando enfoques híbridos que aprovechan la fuerza de la tecnología y el juicio humano.

Conclusión

La inversión en valor con IA es una estrategia prometedora para el inversor a largo plazo. Al combinar los principios fundamentales sólidos con la potencia de la IA, los inversores pueden mejorar la eficiencia, reducir el sesgo emocional, acceder a nuevas oportunidades y potencialmente lograr un rendimiento superior a largo plazo. Sin embargo, es fundamental ser consciente de los riesgos y desafíos asociados con la IA, y adoptar las mejores prácticas para mitigarlos. La inversión en valor con IA no es una solución mágica, sino una herramienta poderosa que, utilizada sabiamente, puede ayudarte a alcanzar tus objetivos financieros a largo plazo.

11. Recursos para la Inversión en Valor con IA:

Para aquellos interesados en aprender más sobre la inversión en valor con IA, aquí se presentan algunos recursos valiosos:

Libros:

"Machine Learning for Algorithmic Trading" de Stefan Jansen

"Quantitative Value: A Practitioner's Guide" de Wesley Gray y Tobias Carlisle

"The Intelligent Investor" de Benjamin Graham (un clásico del Value Investing)

Artículos:

"How AI is Revolutionizing Value Investing" (Forbes)

"The Future of Value Investing: The Rise of AI" (Barron's)

"Can AI Help You Become a Better Value Investor?" (The Motley Fool)

Sitios web:

Valuer.ai

AQR Capital Management

The Association for Computational Finance (ACF)

12. Palabras Finales:

El mundo de la inversión está evolucionando rápidamente, y la IA está desempeñando un papel cada vez más importante.La inversión en valor con IA ofrece una emocionante oportunidad para los inversores que desean aprovechar la tecnología para lograr el éxito a largo plazo. Recuerda, la inversión siempre implica riesgo, y la IA es una herramienta que debe utilizarse con cuidado y conocimiento. Continúa aprendiendo, adaptándote y evolucionando con el panorama de la inversión para alcanzar tus metas financieras. ¡Te deseamos éxito en tu viaje de inversión con IA!

Capítulo 22:

Inversión con IA en Dividendos:
Aprovechando la Inteligencia Artificial para Generar Ingresos Pasivos a Largo Plazo

En el dinámico mundo de las inversiones, la búsqueda de ingresos pasivos estables y confiables es una constante para muchos inversores. La inversión en dividendos, estrategia que se enfoca en empresas que pagan dividendos regulares a sus accionistas, ha ganado popularidad por su potencial para generar un flujo de ingresos predecible a largo plazo. En este capítulo, exploramos el fascinante mundo de la inversión en dividendos con IA, descubriendo cómo la inteligencia artificial puede potenciar esta estrategia tradicional para maximizar el rendimiento y optimizar la selección de activos.

1. Comprensión Esencial de la Inversión en Dividendos:

La inversión en dividendos se basa en la idea de comprar acciones de empresas que distribuyen una parte de sus ganancias a sus accionistas en forma de dividendos periódicos. Estos dividendos pueden ser pagos trimestrales, semestrales o anuales, y representan una forma de retorno de la inversión para los accionistas.

2. Principios Fundamentales de la Inversión en Dividendos con IA:

La IA aporta nuevas dimensiones a la inversión en dividendos, permitiendo a los inversores analizar y evaluar empresas con mayor profundidad y precisión. Los principios fundamentales de la inversión en dividendos con IA incluyen:

Análisis fundamental profundo: La IA puede procesar grandes cantidades de datos financieros y no financieros para identificar empresas con sólidos fundamentos, incluyendo rentabilidad constante, flujo de caja estable, deuda baja y un historial de pago de dividendos confiable.

Evaluación de la sostenibilidad de los dividendos: La IA puede analizar factores como las perspectivas de crecimiento de la empresa, su estructura de capital y su política de dividendos para determinar la probabilidad de que la empresa pueda mantener o aumentar sus pagos de dividendos en el futuro.

Selección de activos optimizada: La IA puede considerar múltiples criterios para seleccionar empresas con dividendos atractivos, como el historial de pago, la tasa de dividendos, la rentabilidad y el riesgo de la empresa.

Gestión de carteras eficiente: La IA puede ayudar a los inversores a construir carteras diversificadas y bien equilibradas que maximizan el rendimiento de los dividendos mientras controlan el riesgo.

3. Estrategias de Inversión en Dividendos con IA:

Los inversores pueden emplear diversas estrategias de inversión en dividendos con IA, como:

Selección de empresas con altos dividendos: Utilizar algoritmos de IA para identificar empresas con altos rendimientos de dividendos, considerando factores como la sostenibilidad y el crecimiento de los dividendos.

Inversión en empresas con crecimiento de dividendos: Enfocarse en empresas con un historial de aumento de sus pagos de dividendos a lo largo del tiempo, lo que indica un crecimiento potencial de los ingresos pasivos.

Inversión en sectores con alto rendimiento de dividendos: Priorizar sectores de la economía que históricamente han pagado dividendos consistentes y atractivos, como los servicios públicos, las empresas de bienes de consumo y las empresas de servicios financieros.

4. Herramientas y Tecnologías de IA para la Inversión en Dividendos:

Los inversores cuentan con una amplia gama de herramientas y tecnologías de IA para la inversión en dividendos, incluyendo:

Plataformas de análisis de datos financieros: Estas plataformas proporcionan acceso a grandes conjuntos de datos financieros y herramientas de análisis para evaluar la salud financiera y el historial de dividendos de las empresas.

Algoritmos de aprendizaje automático: Estos algoritmos pueden identificar patrones y tendencias en los datos de dividendos, ayudando a los inversores a descubrir oportunidades de inversión atractivas.

Modelos de predicción de dividendos: Estos modelos utilizan IA para predecir futuros pagos de dividendos, lo que permite a los inversores evaluar el potencial de crecimiento de ingresos pasivos.

Chatbots de inversión: Estos chatbots pueden proporcionar información sobre empresas y dividendos, y ayudar a los inversores a tomar decisiones de inversión informadas.

5. Beneficios de la Inversión en Dividendos con IA:

La inversión en dividendos con IA ofrece una serie de beneficios potenciales, como:

Mayor eficiencia y precisión: La IA puede automatizar tareas repetitivas y analizar grandes cantidades de datos de manera más rápida y precisa que los humanos, mejorando la eficiencia del proceso de selección de activos.

Reducción del sesgo emocional: La IA puede ayudar a los inversores a tomar decisiones de inversión racionales y libres de sesgos emocionales, que a menudo pueden conducir a errores costosos.

Acceso a nuevas oportunidades: La IA puede identificar oportunidades de inversión en dividendos infravaloradas que podrían pasar desapercibidas para los inversores humanos, ampliando el universo de inversión.

Mejora del rendimiento de los dividendos: Al combinar el análisis fundamental sólido con la potencia de la IA, los inversores pueden potencialmente lograr un rendimiento de dividendos superior al promedio, identificando empresas con alto potencial de crecimiento de dividendos y seleccionando carteras diversificadas para maximizar el flujo de ingresos pasivos.

Gestión de riesgos optimizada: La IA puede ayudar a los inversores a gestionar el riesgo asociado a la inversión en dividendos. Los modelos de IA pueden evaluar el riesgo de recorte de dividendos, analizar la sensibilidad de los pagos a las condiciones del mercado y sugerir estrategias de diversificación para mitigar el riesgo general de la cartera.

6. Riesgos y Desafíos de la Inversión en Dividendos con IA:

Si bien la inversión en dividendos con IA ofrece beneficios prometedores, también conlleva ciertos riesgos y desafíos que los inversores deben tener en cuenta:

Dependencia excesiva de la tecnología: Confiar demasiado en los algoritmos de IA para tomar decisiones de inversión puede llevar a una pérdida de juicio crítico y una falta de comprensión de los fundamentos subyacentes de las empresas que pagan dividendos.

Datos deficientes o sesgados: La precisión de los modelos de IA depende de la calidad de los datos utilizados para entrenarlos. Datos deficientes o sesgados sobre los pagos de dividendos históricos, la salud financiera de las empresas o las perspectivas económicas pueden conducir a resultados engañosos y decisiones de inversión equivocadas.

Interpretabilidad y transparencia: A veces, los modelos de IA pueden ser opacos y difíciles de interpretar, lo que dificulta a los inversores comprender cómo llegaron a una determinada recomendación de inversión en empresas con dividendos.

Costos de implementación: Las herramientas y tecnologías avanzadas de IA pueden ser costosas, lo que representa una barrera para algunos inversores minoristas.

Riesgo de errores de IA: La IA no es perfecta y puede cometer errores. Es crucial que los inversores supervisen de cerca el rendimiento de los modelos de IA y estén preparados para intervenir en caso de que surjan problemas que puedan afectar el flujo de ingresos pasivos.

7. Mejores Prácticas para la Inversión en Dividendos con IA:

Para aprovechar los beneficios de la inversión en dividendos con IA y mitigar los riesgos, los inversores deben seguir estas mejores prácticas:

Comprender los fundamentos de la inversión en dividendos: No confíes únicamente en la IA. Construye una base sólida en los principios de la inversión en dividendos para interpretar las recomendaciones de la IA de manera crítica y evaluar la sostenibilidad de los pagos a largo plazo.

Selecciona las herramientas de IA adecuadas: Elige herramientas de IA que se adapten a tu estrategia de inversión en dividendos y tus objetivos de generación de ingresos pasivos. Asegúrate de que las herramientas estén respaldadas por proveedores de confianza y tengan un historial de éxito en la identificación de empresas con dividendos estables y crecientes.

Interpreta los resultados de la IA con cautela: No confíes ciegamente en las salidas de la IA. Analiza los datos subyacentes y comprende la lógica detrás de las recomendaciones de inversión en empresas con dividendos antes de tomar decisiones que afecten tu flujo de ingresos pasivos.

Diversifica tu cartera: No inviertas únicamente en empresas seleccionadas por IA. Construye una cartera diversificada con una variedad de activos que generen ingresos, incluyendo acciones con dividendos, bonos y fondos de inversión de reparto (REITs).

Supervisa y adapta tu estrategia: La IA es una herramienta poderosa, pero no es una solución mágica. Supervisa el rendimiento de tu cartera, la estabilidad de los dividendos y las condiciones del mercado para adaptar tu estrategia de inversión en dividendos con IA a lo largo del tiempo.

8. Ejemplos de Inversión en Dividendos con IA:

Varias empresas e inversores están utilizando la IA para mejorar sus estrategias de inversión en dividendos. Algunos ejemplos incluyen:

Dividend.com: Esta plataforma utiliza IA para analizar datos financieros y proporcionar a los inversores herramientas para identificar empresas con dividendos sostenibles y de alto rendimiento.

BlackRock (BLK): Esta importante gestora de inversiones utiliza IA para evaluar el riesgo de recorte de dividendos y construir carteras que prioricen la estabilidad y el crecimiento de los pagos de dividendos.

UBS Wealth Management: Este banco privado utiliza IA para ayudar a sus clientes a identificar oportunidades de inversión en dividendos a nivel mundial, considerando factores como la estabilidad política y económica de los países emisores.

9. El Futuro de la Inversión en Dividendos con IA:

La inversión en dividendos con IA se encuentra en una etapa temprana de desarrollo, pero tiene el potencial de transformar radicalmente la forma en que los inversores generan ingresos pasivos a largo plazo. A medida que la tecnología evolucione y se vuelva más accesible, podemos esperar ver:

Modelos de IA más sofisticados: La capacidad de los modelos de IA para analizar datos financieros complejos y pronosticar tendencias de dividendos seguirá mejorando, ofreciendo a los inversores una visión más precisa del potencial de ingresos pasivos de las empresas.

IA explicable (XAI): Se desarrollará tecnología XAI para permitir a los inversores comprender cómo los modelos de IA toman decisiones de inversión en dividendos. Esto aumentará la transparencia y la confianza en la tecnología, fomentando una mayor adopción por parte de los inversores.

Inversión en dividendos global: La IA facilitará la inversión en dividendos a nivel mundial, permitiendo a los inversores aprovechar oportunidades en mercados extranjeros con historial de pagos de dividendos estables y atractivos.

Integración con otras estrategias: La IA se integrará con otras estrategias de inversión enfocadas en la generación de ingresos, como la inversión en bonos y la inversión inmobiliaria. Esto permitirá a los inversores construir carteras diversificadas y optimizadas para el flujo de ingresos pasivos a largo plazo.

10. Inversión en Dividendos con IA Socialmente Responsable:

La IA también puede desempeñar un papel importante en la inversión en dividendos socialmente responsable. Los inversores con conciencia social pueden utilizar herramientas de IA para identificar empresas que pagan dividendos estables y, al mismo tiempo, se adhieren a prácticas ambientales, sociales y de gobierno corporativo (ESG) responsables.

Conclusión:

La inversión en dividendos con IA es una estrategia prometedora para los inversores que buscan generar ingresos pasivos a largo plazo. Al combinar el análisis fundamental sólido con la potencia de la IA, los inversores pueden mejorar la eficiencia, reducir el sesgo emocional, acceder a nuevas oportunidades y potencialmente lograr un flujo de ingresos pasivos más predecible y creciente. Sin embargo, es fundamental ser consciente de los riesgos y desafíos asociados con la IA, y adoptar las mejores prácticas para mitigarlos. La inversión en dividendos con IA no es una solución mágica, sino una herramienta poderosa que, utilizada sabiamente, puede ayudarte a alcanzar tus objetivos financieros a largo plazo.

12. Recursos para la Inversión en Dividendos con IA:

Para aquellos interesados en aprender más sobre la inversión en dividendos con IA, aquí se presentan algunos recursos valiosos:

Libros:

"Dividends Still Don't Lie: Investing for Income in a Volatile Market" de Roger Ibbotson y Thomas Gay

"The Intelligent Investor" de Benjamin Graham (un clásico del Value Investing, también aplicable a la inversión en dividendos)

"Artificial Intelligence for Algorithmic Trading" de Stefan Jansen

Artículos:

"How AI is Revolutionizing Dividend Investing" (Forbes)

"The Future of Dividend Investing: The Rise of AI" (Barron's)

"Can AI Help You Become a Better Dividend Investor?" (The Motley Fool)

Sitios web:

Dividend.com

BlackRock

The Association for Computational Finance (ACF)

Palabras Finales:

El mundo de las inversiones está evolucionando rápidamente, y la IA se está convirtiendo en una herramienta cada vez más importante para los inversores en dividendos. La inversión en dividendos con IA ofrece una emocionante oportunidad para generar ingresos pasivos a largo plazo. Recuerda, la inversión siempre implica riesgo, y la IA es una herramienta que debe utilizarse con cuidado y conocimiento. Continúa aprendiendo, adaptándote y evolucionando con el panorama de la inversión para alcanzar tus metas financieras y de flujo de ingresos pasivos. ¡Te deseamos éxito en tu viaje de inversión en dividendos con IA!

CAPÍTULO 23:

Inversión Temática con IA:
Navegando Tendencias Futuras con Inteligencia Artificial

En el dinámico mundo de las inversiones, la búsqueda de oportunidades de crecimiento a largo plazo es una constante para muchos inversores. La inversión temática, estrategia que se enfoca en sectores o tendencias específicas con potencial de alto crecimiento, ha ganado popularidad por su capacidad para capturar el auge de nuevas industrias y tecnologías. En este capítulo, exploramos el fascinante mundo de la inversión temática con IA, descubriendo cómo la inteligencia artificial puede potenciar esta estrategia para identificar tendencias emergentes, evaluar oportunidades de inversión y optimizar la selección de activos.

1. Comprensión Esencial de la Inversión Temática:

La inversión temática se basa en la idea de invertir en empresas o activos relacionados con un tema específico que se espera que tenga un crecimiento significativo en el futuro. Estos temas pueden ser amplios, como la tecnología verde, la atención médica o el envejecimiento de la población, o más específicos, como la inteligencia artificial, la robótica o la impresión 3D.

2. Principios Fundamentales de la Inversión Temática con IA:

La IA aporta nuevas dimensiones a la inversión temática, permitiendo a los inversores analizar y evaluar tendencias con mayor profundidad y precisión. Los principios fundamentales de la inversión temática con IA incluyen:

Identificación de tendencias emergentes: La IA puede procesar grandes cantidades de datos de diversas fuentes,como noticias, redes sociales, investigaciones y análisis de expertos, para identificar tendencias tempranas que podrían tener un impacto significativo en el futuro.

Análisis de factores impulsores: La IA puede analizar los factores que impulsan una tendencia temática, como los avances tecnológicos, los cambios demográficos, las regulaciones gubernamentales y las condiciones económicas,para evaluar su potencial de crecimiento a largo plazo.

Selección de activos optimizada: La IA puede considerar múltiples criterios para seleccionar empresas o activos dentro de un tema, como la posición de liderazgo en el mercado, la fortaleza financiera, la innovación tecnológica y el potencial de crecimiento.

Monitoreo y adaptación continua: La IA puede ayudar a los inversores a monitorear el desempeño de las inversiones temáticas y adaptar sus estrategias en función de la evolución de las tendencias y las condiciones del mercado.

3. Estrategias de Inversión Temática con IA:

Los inversores pueden emplear diversas estrategias de inversión temática con IA, como:

Inversión en sectores temáticos: Enfocarse en sectores específicos que se espera que experimenten un crecimiento significativo debido a tendencias emergentes, como la tecnología verde, la atención médica o la automatización.

Inversión en empresas temáticas: Identificar empresas líderes dentro de un tema específico que estén impulsando la innovación y el crecimiento, como empresas de IA, empresas de biotecnología o empresas de comercio electrónico.

Inversión en fondos de inversión temáticos: Invertir en fondos gestionados por profesionales que se especializan en un tema específico, aprovechando su experiencia y conocimiento para seleccionar activos de manera eficiente.

4. Herramientas y Tecnologías de IA para la Inversión Temática:

Los inversores cuentan con una amplia gama de herramientas y tecnologías de IA para la inversión temática, incluyendo:

Plataformas de análisis de datos: Estas plataformas proporcionan acceso a grandes conjuntos de datos de diversas fuentes, incluyendo noticias, redes sociales, investigaciones y análisis de expertos, para identificar tendencias emergentes y evaluar factores impulsores.

Algoritmos de aprendizaje automático: Estos algoritmos pueden identificar patrones y tendencias en los datos de inversión temática, ayudando a los inversores a descubrir oportunidades de inversión atractivas.

Modelos de predicción de tendencias: Estos modelos utilizan IA para predecir el crecimiento futuro de tendencias temáticas específicas, lo que permite a los inversores tomar decisiones de inversión informadas con anticipación.

Chatbots de inversión: Estos chatbots pueden proporcionar información sobre tendencias temáticas, empresas relevantes y estrategias de inversión, ayudando a los inversores a tomar decisiones de inversión informadas.

5. Beneficios de la Inversión Temática con IA:

La inversión temática con IA ofrece una serie de beneficios potenciales, como:

Mayor eficiencia y precisión: La IA puede automatizar tareas repetitivas y analizar grandes cantidades de datos de manera más rápida y precisa que los humanos, mejorando la eficiencia del proceso de identificación de tendencias y selección de activos.

Reducción del sesgo emocional: La IA puede ayudar a los inversores a tomar decisiones de inversión racionales y libres de sesgos emocionales, que a menudo pueden conducir a errores costosos.

Acceso a nuevas oportunidades: La IA puede identificar tendencias emergentes y oportunidades de inversión que podrían pasar desapercibidas para los inversores humanos, ampliando el universo de inversión.

Potencial de alto rendimiento: La inversión temática con IA puede ofrecer el potencial de lograr retornos superiores al promedio al aprovechar el crecimiento de tendencias significativas y disruptivas.

Diversificación mejorada: La inversión temática con IA puede ayudar a los inversores a diversificar sus carteras con activos relacionados a tendencias de alto crecimiento, mitigando el riesgo asociado a la concentración en sectores o empresas específicas.

6. Riesgos y Desafíos de la Inversión Temática con IA:

Si bien la inversión temática con IA ofrece beneficios prometedores, también conlleva ciertos riesgos y desafíos que los inversores deben tener en cuenta:

Dependencia excesiva de la tecnología: Confiar demasiado en los algoritmos de IA para tomar decisiones de inversión puede llevar a una subestimación de los fundamentos de las empresas y las tendencias. La IA es una herramienta de apoyo, no un sustituto del análisis fundamental.

Naturaleza cíclica de las tendencias: Las tendencias temáticas pueden ser cíclicas y experimentar períodos de auge y caída. La IA puede ayudar a identificar el ciclo de vida de una tendencia, pero es crucial que los inversores gestionen el riesgo de invertir en tendencias maduras o en declive.

Imprecisión de los datos y modelos: La precisión de los modelos de IA depende de la calidad de los datos utilizados para entrenarlos. Datos erróneos o sesgados pueden conducir a malas interpretaciones de las tendencias y decisiones de inversión equivocadas.

Costos de implementación: Las herramientas y tecnologías avanzadas de IA pueden ser costosas, lo que representa una barrera para algunos inversores minoristas.

Falta de transparencia: Algunos modelos de IA pueden ser opacos y difíciles de interpretar, lo que dificulta a los inversores comprender cómo llegaron a una determinada recomendación temática.

7. Mejores Prácticas para la Inversión Temática con IA:

Para aprovechar los beneficios de la inversión temática con IA y mitigar los riesgos, los inversores deben seguir estas mejores prácticas:

Desarrollar conocimiento temático: No confíes únicamente en la IA. Construye una base sólida en el análisis temático para comprender los factores impulsores de las tendencias, las oportunidades y los riesgos asociados a cada tema.

Selecciona las herramientas de IA adecuadas: Elige herramientas de IA que se adapten a tus objetivos de inversión y tu horizonte temporal. Asegúrate de que las herramientas estén respaldadas por proveedores de confianza y tengan un historial de éxito en identificar tendencias emergentes y empresas líderes.

Interpreta los resultados de la IA con cautela: No confíes ciegamente en las salidas de la IA. Analiza los datos subyacentes y la lógica detrás de las recomendaciones temáticas antes de tomar decisiones de inversión.

Combina IA con análisis fundamental: Utiliza la IA para identificar tendencias y luego aplica análisis fundamental para evaluar la salud financiera, la posición competitiva y el potencial de crecimiento de las empresas individuales dentro de un tema.

Diversifica tu cartera temática: No inviertas únicamente en un solo tema. Construye una cartera temática diversificada con exposición a varias tendencias emergentes con potencial de crecimiento a largo plazo.

8. Ejemplos de Inversión Temática con IA:

Varias empresas e inversores están utilizando la IA para mejorar sus estrategias de inversión temática. Algunos ejemplos incluyen:

Thrive Themes: Esta empresa utiliza IA para analizar grandes conjuntos de datos y ayudar a los inversores a identificar tendencias emergentes en el sector de la tecnología financiera (FinTech).

ARK Invest: Esta gestora de inversiones utiliza IA y análisis temático para invertir en empresas disruptivas que están impulsando el futuro de la tecnología, la automatización y la genómica.

UBS Wealth Management: Este banco privado utiliza IA para ayudar a sus clientes a identificar tendencias temáticas a nivel mundial, teniendo en cuenta factores como las regulaciones gubernamentales y la adopción tecnológica en diferentes regiones.

9. El Futuro de la Inversión Temática con IA:

La inversión temática con IA se encuentra en una etapa temprana de desarrollo, pero tiene el potencial de transformar radicalmente la forma en que los inversores acceden a las oportunidades de crecimiento a largo plazo. A medida que la tecnología evolucione y se vuelva más accesible, podemos esperar ver:

Modelos de IA más sofisticados: La capacidad de los modelos de IA para analizar datos complejos, identificar patrones ocultos y predecir el crecimiento de las tendencias temáticas seguirá mejorando, ofreciendo a los inversores una visión más precisa del potencial de las inversiones.

IA explicable (XAI): Se desarrollará tecnología XAI para permitir a los inversores comprender cómo los modelos de IA toman decisiones de inversión temática. Esto aumentará la confianza en la tecnología y fomentará una mayor adopción por parte de los inversores.

Inversión temática personalizada: La IA se utilizará para personalizar las carteras temáticas de los inversores en función de sus objetivos financieros, tolerancia al riesgo y preferencias temáticas específicas.

Integración con otras estrategias: La IA se integrará con otras estrategias de inversión a largo plazo, como la inversión en valor y la inversión en crecimiento, para crear carteras diversificadas y optimizadas para el crecimiento sostenido.

Inversión temática global: La IA facilitará la inversión temática a nivel mundial, permitiendo a los inversores aprovechar oportunidades en mercados emergentes con tendencias de crecimiento dinámico en sectores clave.

10. Inversión Temática con IA Socialmente Responsable:

La IA también puede desempeñar un papel importante en la inversión temática socialmente responsable. Los inversores con conciencia social pueden utilizar herramientas de IA para identificar tendencias temáticas que se alineen con sus valores, como la energía limpia, la tecnología sostenible o la agricultura ecológica. De esta manera, pueden invertir en empresas que están impulsando el cambio social y medioambiental positivo, a la vez que buscan un crecimiento rentable a largo plazo.

Conclusión

La inversión temática con IA es una estrategia atractiva para los inversores que buscan aprovechar las oportunidades de crecimiento a largo plazo en sectores emergentes y tendencias disruptivas. Al combinar la visión de futuro de la inversión temática con la potencia analítica de la IA, los inversores pueden mejorar la eficiencia, identificar tendencias tempranas,seleccionar activos de manera más precisa y potencialmente lograr un rendimiento superior al promedio. Sin embargo, es fundamental ser consciente de los riesgos y desafíos asociados con la IA, y adoptar las mejores prácticas para mitigarlos.La inversión temática con IA no es una solución mágica, sino una herramienta poderosa que, utilizada sabiamente, puede ayudarte a alcanzar tus objetivos financieros a largo plazo.

Recursos para la Inversión Temática con IA:

Para aquellos interesados en aprender más sobre la inversión temática con IA, aquí se presentan algunos recursos valiosos:

Libros:

"El Inversor Temático" de John Burbank

"Active Portfolio Management" de Richard Grinold y Ronald Kahn

"Artificial Intelligence for Algorithmic Trading" de Stefan Jansen

Artículos:

"How AI is Revolutionizing Thematic Investing" (Forbes)

"The Future of Thematic Investing: A Marriage of Man and Machine" (Barron's)

"Can AI Help You Become a Better Thematic Investor?" (The Motley Fool)

Sitios web:

Thrive Themes

ARK Invest

The Association for Computational Finance (ACF)

Palabras Finales

El panorama de la inversión está evolucionando rápidamente, y la IA se está convirtiendo en una herramienta cada vez más importante para los inversores temáticos. La inversión temática con IA ofrece una emocionante oportunidad para participar en el futuro y capturar el crecimiento de las tendencias disruptivas que están transformando el mundo.Recuerda, la inversión siempre implica riesgo, y la IA es una herramienta que debe utilizarse con cuidado y conocimiento.Continúa aprendiendo, adaptándote y evolucionando con el panorama de la inversión para aprovechar las oportunidades que ofrece la inversión temática con IA. ¡Te deseamos éxito en tu viaje de inversión hacia el futuro!

CAPÍTULO 24:

Inversión Socialmente Responsable con IA (ISR):
Inteligencia Artificial para un Futuro Sostenible y Ético

En un mundo cada vez más consciente de los desafíos sociales y medioambientales, la Inversión Socialmente Responsable (ISR) ha ganado relevancia como una estrategia de inversión que busca generar retornos financieros mientras se tienen en cuenta factores ambientales, sociales y de gobernanza (ESG). La Inteligencia Artificial (IA) está emergiendo como una herramienta poderosa para potenciar la ISR, permitiendo a los inversores identificar empresas con prácticas ESG sólidas, evaluar su impacto social y ambiental, y construir carteras alineadas con sus valores.

1. Comprensión Esencial de la ISR:

La ISR se basa en la idea de invertir en empresas que operan de manera responsable y ética, considerando su impacto en el medio ambiente, la sociedad y la economía. Los inversores que adoptan la ISR buscan generar retornos financieros al mismo tiempo que contribuyen a un futuro más sostenible y equitativo.

2. Principios Fundamentales de la ISR con IA:

La IA aporta nuevas dimensiones a la ISR, permitiendo a los inversores analizar y evaluar empresas con mayor profundidad y precisión. Los principios fundamentales de la ISR con IA incluyen:

Análisis de datos ESG: La IA puede procesar grandes cantidades de datos ESG de diversas fuentes, como informes corporativos, análisis de terceros, noticias y redes sociales, para obtener una visión completa del desempeño ESG de las empresas.

Evaluación del impacto social y ambiental: La IA puede evaluar el impacto social y ambiental de las empresas, considerando factores como las emisiones de carbono, la gestión de recursos, las condiciones laborales y la responsabilidad social.

Identificación de empresas líderes en ESG: La IA puede identificar empresas que están liderando el camino en prácticas ESG, buscando empresas con estrategias ESG sólidas, iniciativas innovadoras y un compromiso genuino con la sostenibilidad.

Monitoreo continuo del desempeño ESG: La IA puede monitorear el desempeño ESG de las empresas a lo largo del tiempo, alertando a los inversores sobre cualquier cambio o problema que pueda afectar sus inversiones.

3. Estrategias de ISR con IA:

Los inversores pueden emplear diversas estrategias de ISR con IA, como:

Inversión en empresas con alto puntaje ESG: Enfocarse en empresas que han recibido calificaciones ESG favorables de agencias de calificación especializadas, utilizando la IA para evaluar la precisión y confiabilidad de estas calificaciones.

Inversión en sectores sostenibles: Priorizar sectores con un fuerte enfoque en la sostenibilidad, como la energía renovable, la agricultura ecológica o la tecnología limpia, utilizando la IA para identificar las empresas líderes dentro de cada sector.

Inversión temática con enfoque ESG: Combinar la inversión temática con la ISR, buscando empresas dentro de temas específicos, como el cambio climático o la igualdad de género, que también tengan prácticas ESG sólidas.

Inversión de impacto: Enfocarse en empresas que buscan generar un impacto social o ambiental positivo además de generar retornos financieros, utilizando la IA para evaluar el impacto real y potencial de las inversiones.

4. Herramientas y Tecnologías de IA para la ISR:

Los inversores cuentan con una amplia gama de herramientas y tecnologías de IA para la ISR, incluyendo:

Plataformas de análisis de datos ESG: Estas plataformas proporcionan acceso a grandes conjuntos de datos ESG y herramientas de análisis para evaluar el desempeño ESG de las empresas y compararlas con sus pares.

Algoritmos de aprendizaje automático para ESG: Estos algoritmos pueden identificar patrones y tendencias en los datos ESG, ayudando a los inversores a descubrir oportunidades de inversión atractivas y empresas con prácticas ESG sólidas.

Modelos de predicción de riesgo ESG: Estos modelos utilizan IA para predecir el riesgo ESG de las empresas, considerando factores como el cambio climático, las regulaciones ambientales y la responsabilidad social.

Chatbots de inversión ESG: Estos chatbots pueden proporcionar información sobre empresas con prácticas ESG sólidas, estrategias de ISR y oportunidades de inversión, ayudando a los inversores a tomar decisiones informadas.

5. Beneficios de la ISR con IA:

La ISR con IA ofrece una serie de beneficios potenciales, como:

Mayor eficiencia y precisión: La IA puede automatizar tareas repetitivas y analizar grandes cantidades de datos ESG de manera más rápida y precisa que los humanos, mejorando la eficiencia del proceso de selección de activos.

Reducción del sesgo emocional: La IA puede ayudar a los inversores a tomar decisiones de inversión racionales y libres de sesgos emocionales, que a menudo pueden conducir a errores costosos.

Acceso a nuevas oportunidades: La IA puede identificar empresas con prácticas ESG sólidas que podrían pasar desapercibidas para los inversores humanos, ampliando el universo de inversión responsable.

Potencial de impacto positivo: La ISR con IA puede ayudar a los inversores a generar retornos financieros mientras contribuyen a un futuro más sostenible y equitativo, invirtiendo en empresas que están generando un impacto social y ambiental positivo.

Mejora de la transparencia y la rendición de cuentas: La IA puede mejorar la transparencia y la rendición de cuentas en la inversión responsable. Los modelos de IA pueden analizar informes corporativos y rastrear actividades de las empresas, ayudando a los inversores a evaluar el verdadero compromiso de las empresas con las prácticas ESG.

6. Riesgos y Desafíos de la ISR con IA:

Si bien la ISR con IA ofrece beneficios prometedores, también conlleva ciertos riesgos y desafíos que los inversores deben tener en cuenta:

Dependencia excesiva de la tecnología: Confiar demasiado en los algoritmos de IA para tomar decisiones de inversión ESG puede llevar a una pérdida de juicio crítico y una falta de comprensión de las complejidades de los factores sociales y ambientales.

Datos ESG deficientes o sesgados: La precisión de los modelos de IA depende de la calidad de los datos ESG utilizados para entrenarlos. Datos deficientes o sesgados sobre las prácticas ESG de las empresas pueden conducir a resultados engañosos y decisiones de inversión equivocadas.

Interpretabilidad y transparencia: A veces, los modelos de IA pueden ser opacos y difíciles de interpretar, lo que dificulta a los inversores comprender cómo llegaron a una determinada clasificación ESG o recomendación de inversión.

Greenwashing: La IA puede ser utilizada por empresas para el "greenwashing", una práctica en la que se exagera o se tergiversa el desempeño ESG para atraer a inversores socialmente responsables. Es crucial que los inversores analicen críticamente la información de la empresa y utilicen la IA como una herramienta complementaria.

Costos de implementación: Las herramientas y tecnologías avanzadas de IA pueden ser costosas, lo que representa una barrera para algunos inversores minoristas.

7. Mejores Prácticas para la ISR con IA:

Para aprovechar los beneficios de la ISR con IA y mitigar los riesgos, los inversores deben seguir estas mejores prácticas:

Desarrollar conocimiento de ISR: No confíes únicamente en la IA. Construye una base sólida en los principios de la ISR para comprender los factores ESG clave, las metodologías de evaluación y las diferentes estrategias de inversión responsable.

Selecciona las herramientas de IA adecuadas: Elige herramientas de IA que se adapten a tu estrategia de ISR y tus objetivos de impacto social y ambiental.

Asegúrate de que las herramientas estén respaldadas por proveedores de confianza y tengan un historial de éxito en la identificación de empresas con prácticas ESG sólidas.

Interpreta los resultados de la IA con cautela: No confíes ciegamente en las salidas de la IA. Analiza los datos subyacentes y la lógica detrás de las recomendaciones ESG antes de tomar decisiones de inversión.

Combina la IA con análisis fundamental ESG: Utiliza la IA para identificar empresas con alto potencial ESG y luego aplica análisis fundamental para evaluar su estrategia ESG, iniciativas y compromiso con la sostenibilidad.

Considera la inversión de impacto: Explora la inversión de impacto como una forma de alinear directamente tus inversiones con tus valores sociales y ambientales.

8. Ejemplos de ISR con IA:

Varias empresas e inversores están utilizando la IA para mejorar sus estrategias de ISR. Algunos ejemplos incluyen:

Morningstar Sustainalytics: Esta empresa líder en investigación ESG utiliza IA para analizar grandes cantidades de datos y proporcionar a los inversores calificaciones ESG integrales de las empresas.

BlackRock (BLK): Esta importante gestora de inversiones utiliza IA para integrar factores ESG en sus procesos de inversión, evaluando el riesgo ESG de las empresas y construyendo carteras sostenibles.

UBS Wealth Management: Este banco privado utiliza IA para ayudar a sus clientes a identificar oportunidades de inversión en ISR a nivel mundial, teniendo en cuenta las prioridades sociales y ambientales específicas de cada región.

9. El Futuro de la ISR con IA:

La ISR con IA se encuentra en una etapa temprana de desarrollo, pero tiene el potencial de transformar radicalmente el panorama de la inversión responsable. A medida que la tecnología evolucione y se vuelva más accesible, podemos esperar ver:

Modelos de IA más sofisticados: La capacidad de los modelos de IA para analizar datos ESG complejos y evaluar el impacto social y ambiental de las empresas seguirá mejorando, ofreciendo a los inversores una visión más precisa del potencial de las inversiones responsables.

IA explicable (XAI): Se desarrollará tecnología XAI para permitir a los inversores comprender cómo los modelos de IA toman decisiones de inversión ESG.

Esto aumentará la confianza en la tecnología y fomentará una mayor adopción por parte de los inversores socialmente responsables.

ISR personalizada: La IA se utilizará para personalizar las carteras ISR de los inversores en función de sus valores sociales y ambientales específicos. Los inversores podrán priorizar temas de inversión que les apasionen, como el cambio climático, la igualdad de género o la justicia social.

Integración con otras estrategias de inversión: La IA se integrará con otras estrategias de inversión a largo plazo, como la inversión en valor y la inversión en crecimiento, para crear carteras diversificadas que consideren tanto el desempeño financiero como el impacto social y ambiental.

Inversión de impacto escalable: La IA facilitará la inversión de impacto a gran escala, permitiendo a los inversores participar en proyectos y empresas que están generando un cambio positivo en el mundo, incluso con cantidades de inversión relativamente pequeñas.

10. ISR con IA para un Futuro Sostenible:

La ISR con IA tiene el potencial de desempeñar un papel fundamental en la construcción de un futuro más sostenible. Al dirigir el capital hacia empresas que están impulsando el cambio social y ambiental positivo, la ISR con IA puede ayudar a:

Combatir el cambio climático: Financiando a empresas que desarrollan tecnologías limpias, promueven la eficiencia energética y reducen las emisiones de carbono.

Promover la sostenibilidad ambiental: Apoyando a empresas que gestionan los recursos naturales de manera responsable, fomentan la agricultura sostenible y protegen la biodiversidad.

Avanzar en la justicia social: Invirtiendo en empresas que promueven la igualdad de oportunidades, garantizan salarios dignos y abordan desafíos sociales como la pobreza y la discriminación.

Fomentar la gobernanza corporativa responsable: Respaldando a empresas que operan con transparencia e integridad, abogan por prácticas laborales justas y contribuyen a un entorno empresarial ético.

Conclusión:

La ISR con IA es una estrategia poderosa para los inversores que desean generar retornos financieros con un impacto positivo en el mundo. La IA ofrece nuevas herramientas para identificar empresas líderes en ESG, evaluar su impacto social y ambiental, y construir carteras alineadas con valores. Sin embargo, es fundamental ser consciente de los riesgos y desafíos asociados con la IA, y adoptar las mejores prácticas para mitigarlos. La ISR con IA no es una solución mágica, sino un catalizador para el cambio positivo que puede transformar el panorama de la inversión y contribuir a un futuro más sostenible y equitativo.

11. Recursos para la ISR con IA:

Para aquellos interesados en aprender más sobre la ISR con IA, aquí se presentan algunos recursos valiosos:

Libros:

"Impact Investing: What You Need to Know" de Antony Bugg-Levine y Jed Emerson

"Who Pays the Price? The Hidden Cost of Electricity" de Robert Bryce

"Artificial Intelligence for Social Good" de Enrico Scarso y Marco Herling

Artículos:

"How AI is Revolutionizing Socially Responsible Investing" (Forbes)

"The Future of Sustainable Investing: The Rise of AI-powered ESG Analysis" (Barron's)

"Can AI Help You Become a More Impactful Investor?" (The Motley Fool)

Sitios web:

Morningstar Sustainalytics

Global Impact Investing Network (GIIN)

The Forum for Sustainable and Responsible Investment (US SIF)

Palabras Finales:

El mundo de las inversiones está evolucionando rápidamente, y la IA se está convirtiendo en una herramienta cada vez más importante para los inversores socialmente responsables. La ISR con IA ofrece una emocionante oportunidad para alinear tus inversiones con tus valores, generar retornos financieros y contribuir a un futuro mejor. Recuerda, la inversión siempre implica riesgo, pero la ISR con IA te permite invertir con un propósito, generando un impacto positivo en el mundo mientras trabajas para alcanzar tus objetivos financieros. ¡Te deseamos éxito en tu viaje de inversión socialmente responsable impulsado por la IA!

CAPÍTULO 25:

Conclusión y Hacia el Futuro
Navegando Horizontes de Inversión con IA: Un Mundo de Oportunidades y Desafíos

A lo largo de este viaje a través del fascinante mundo de la inversión impulsada por IA, hemos explorado los conceptos fundamentales, estrategias innovadoras y aplicaciones prácticas de esta tecnología disruptiva en el ámbito financiero. Hemos descubierto cómo la IA está revolucionando la forma en que los inversores identifican oportunidades, evalúan riesgos y toman decisiones, abriendo un universo de posibilidades antes inimaginables.

Recapitulando los Conceptos Clave:

La IA como catalizador de la inversión: La IA no es una bola de cristal mágica, pero sí una herramienta poderosa que puede potenciar las capacidades de los inversores, permitiéndoles analizar vastos conjuntos de datos, identificar patrones ocultos y tomar decisiones más informadas.

Inversión temática con IA: Aprovechar las tendencias emergentes y sectores en crecimiento con la ayuda de la IA para identificar empresas líderes y construir carteras temáticas de alto potencial.

Inversión Socialmente Responsable con IA: Alinear las inversiones con valores sociales y ambientales utilizando la IA para evaluar el desempeño ESG de las empresas y contribuir a un futuro sostenible.

IA y análisis fundamental: La IA no reemplaza el análisis fundamental, sino que lo complementa, proporcionando información y perspectivas adicionales para una toma de decisiones integral.

Gestión de riesgos y desafíos éticos: Es crucial ser consciente de los riesgos y desafíos asociados con la IA, como la dependencia excesiva de la tecnología, los sesgos algorítmicos y la falta de transparencia.

Reflexionando sobre el Futuro:

A medida que la IA continúa evolucionando a un ritmo acelerado, su impacto en el mundo de la inversión será aún más profundo. Podemos esperar ver:

Modelos de IA más sofisticados: La capacidad de la IA para procesar datos, identificar patrones y generar predicciones seguirá mejorando, ofreciendo a los inversores herramientas aún más precisas y confiables.

Mayor transparencia y explicabilidad: La IA explicable (XAI) facilitará la comprensión de cómo los modelos de IA toman decisiones, aumentando la confianza y la adopción de la tecnología.

Personalización de la inversión: La IA se utilizará para personalizar las carteras de inversión en función de los objetivos financieros específicos, la tolerancia al riesgo y las preferencias de cada inversor.

Inversión de impacto escalable: La IA facilitará la inversión en proyectos y empresas que generan un impacto social y ambiental positivo, incluso con pequeñas cantidades de inversión.

Conclusión

La inversión impulsada por IA está transformando el panorama financiero, ofreciendo a los inversores nuevas oportunidades para alcanzar sus objetivos financieros y contribuir a un futuro más sostenible. Sin embargo, es fundamental utilizar la IA de manera responsable, ética y transparente, siendo conscientes de sus limitaciones y complementándola con análisis fundamental y juicio humano. Al adoptar un enfoque equilibrado y estratégico, la IA puede convertirse en un aliado invaluable en el viaje de inversión de cada individuo.

Recursos Adicionales:

Para aquellos interesados en profundizar en el mundo de la inversión impulsada por IA, aquí se presenta una selección de recursos valiosos:

Libros:

"The Age of Intelligent Machines: How AI Will Revolutionize Our World" de Carl V. Shulman

"Artificial Intelligence for Finance: A Primer" de José M. Peña

"The Investment Checklist: The Essential Guide to Making Smart Investment Decisions" de Michael Batnick

Artículos:

"How AI is Changing the Face of Investing" (The Wall Street Journal)

"The Future of AI in Investing: A Primer" (McKinsey & Company)

"What Investors Need to Know About Artificial Intelligence" (Investopedia)

Sitios web:

CFA Institute: https://www.cfainstitute.org

The Association for Computational Finance (ACF): https://www.acf.org/

Palabras Finales:

El futuro de la inversión está estrechamente ligado al avance de la IA. Aquellos inversores que abracen esta tecnología y la utilicen de manera inteligente estarán mejor posicionados para navegar los desafíos y aprovechar las oportunidades que se presenten en el cambiante panorama financiero. La IA tiene el potencial de democratizar el acceso a la información y las herramientas de inversión, permitiendo que más personas participen en el mercado y alcancen sus metas financieras.

Es un momento emocionante para ser un inversor, ya que la IA abre un mundo de posibilidades sin precedentes. Con un enfoque reflexivo, una investigación adecuada y una adopción responsable, la IA puede convertirse en un valioso aliado en tu viaje de inversión. Recuerda, la inversión siempre implica riesgo, y la IA no elimina ese riesgo por completo. Sin embargo, al equiparte con el conocimiento y las herramientas adecuadas, puedes tomar decisiones de inversión más informadas y aumentar tus posibilidades de éxito a largo plazo.

Un Llamado a la Acción:

El mundo de la inversión impulsada por IA está en constante evolución. Para mantenerse a la vanguardia, te animamos a:

Continuar aprendiendo: La IA es un campo en constante desarrollo. Dedica tiempo a aprender sobre los últimos avances, tendencias y aplicaciones de la IA en el mundo financiero.

Desarrollar habilidades técnicas básicas: Aprender a interpretar datos financieros básicos, comprender el funcionamiento de los algoritmos de IA y familiarizarse con el lenguaje técnico te dará una ventaja competitiva.

Experimentar con herramientas de IA: Explora las distintas herramientas de IA disponibles para inversores individuales. Comienza con herramientas gratuitas o de bajo costo para familiarizarte con su funcionamiento.

Consulta con profesionales financieros: Busca asesoramiento de profesionales financieros experimentados que tengan conocimientos sobre la inversión impulsada por IA. Ellos pueden ayudarte a desarrollar una estrategia de inversión personalizada que se ajuste a tus necesidades y objetivos específicos.

Participa en la conversación: Comparte tus ideas y experiencias sobre la inversión impulsada por IA con otros inversores. Participa en foros online, grupos de inversión o eventos de la industria para aprender de los demás y estar al día de las últimas novedades.

Un Futuro Sostenible:

La IA tiene el potencial de desempeñar un papel fundamental en la construcción de un futuro financiero más sostenible. Al dirigir el capital hacia empresas que operan de manera responsable y promueven prácticas ESG sólidas, la inversión impulsada por IA puede ayudar a:

Combatir el cambio climático: Financiar a empresas que desarrollan tecnologías limpias, fomentan la eficiencia energética y reducen las emisiones de carbono.

Promover la diversidad y la inclusión: Apoyar a empresas que promueven la igualdad de oportunidades, invierten en comunidades desatendidas y abordan la discriminación sistémica.

Desarrollar soluciones a desafíos globales: Invertir en empresas de tecnología que están desarrollando soluciones innovadoras para problemas como la pobreza, el hambre y la falta de acceso a servicios básicos.

Conclusión Final

La inversión impulsada por IA representa un cambio de paradigma en el mundo financiero. Esta tecnología tiene el potencial de transformar la forma en que invertimos, permitiéndonos acceder a nuevas oportunidades, gestionar el riesgo de manera más eficaz y generar un impacto positivo en el mundo. Al adoptar un enfoque estratégico, ético y responsable, la IA puede convertirse en una herramienta indispensable para alcanzar tus objetivos financieros y contribuir a un futuro más sostenible. ¡Te invitamos a embarcarte en este emocionante viaje de inversión con la IA como tu compañera de camino!

"La inteligencia artificial es la rama de la ciencia de la computación que se ocupa de la creación de agentes inteligentes, que son sistemas que pueden razonar, aprender y actuar de forma autónoma."

John McCarthy

NOTAS:

NOTAS:

MIAMI, FLORIDA

ESTADOS UNIDOS DE AMERICA

MAYO 31, 2024

www.ingramcontent.com/pod-product-compliance
Lightning Source LLC
Chambersburg PA
CBHW052320220526
45472CB00001B/195